WC BOOK 2019

SAND

Dépôt légal : 3e trimestre 2018
ISBN : 978-2-7107-8948-2
Imprimé en juillet 2018, par Rotolito S.p.A., Italie.

WC BOOK

D'après une idée originale de Pascal PETIOT

Responsable éditorial :
Pascal PETIOT

Éditorial :
Nadia IVANOVA

Illustrations originales :
Ah !

Mise en page :
I-Noova

Remerciement au site
www.maviedefemme.com

WC BOOK
2019

Le mot magique pour stopper une dispute est...

Vous pensez à « Je t'aime », « Mon cœur », « Pardon » ou encore « Oublions tout ça » ? Vous avez tout faux ! LE mot magique pour arrêter de vous chamailler est « AÏE » ! Et surtout, simuler une blessure ou une douleur. Ainsi, la peur que vous soyez éventuellement blessé calmera instantanément votre partenaire.
Autre astuce : des expressions comme « Ouh là ! », « Stop » et « Tu vas trop loin » ont également leur impact et agissent comme des douches froides pour faire taire ou, au moins, calmer le conjoint.

CITATIONS

« Une vie tranquille
et modeste apporte plus
de joie que la recherche
du succès, qui implique une
agitation permanente. »

Albert Einstein

Globalement,
êtes-vous satisfait
des services de votre
opticien ?

❑ Oui

❑ Non

JEUX

SUDOKU

							3	7
1	7	9						5
2					6	4		
			3		8		5	
6	3		5		7		4	8
	8		4		1			
		6	1					2
5						1	9	3
8	1							

Solution page 605

Charade

Mon **premier** est **AVANT** vous.

Mon **second** accompagne parfois la **VIANDE**.

Mon **troisième** est produit par **UN INSTRUMENT**.

Mon **tout** a passé plusieurs mois dans le **NOIR**.

Solution : Nous-Riz-Son : NOURRISSON

Qu'est-ce qui est le plus dur quand on devient adulte ?

☐ Travailler

☐ Le célibat

☑ Ne pas répondre ma bite, ne pas répondre ma bite…

– POURQUOI LES FANFARES AVANCENT-ELLES EN JOUANT ?

Solution : Pour s'éloigner du bruit !

JEUX

MOTS MÊLÉS

Races de chiens

Saurez-vous retrouver chacun des mots cachés dans ce tableau ?

Les mots peuvent être écrits horizontalement, verticalement, en diagonale ou à l'envers.

Mots à trouver :

1) BERGER
2) BOULEDOGUE
3) BOXER
4) CANICHE
5) CHARNAIGRE
6) DOBERMANN
7) KOMONDOR
8) LABRADOR
9) LEVRIER
10) PINSCHER
11) POMERANIEN
12) PORCELAINE
13) PUDELPOINTER
14) PULI
15) TECKEL
16) TERRIER
17) TOSA
18) WETTERHOUN

JEUX

W	W	D	Ç	T	P	J	Y	T	D	N	B	O	L	P	W	X	M	I	F
S	N	O	R	Ç	F	P	W	X	J	V	T	F	X	Ç	G	T	M	N	O
Q	S	B	C	A	A	I	L	U	P	X	A	C	D	I	C	M	P	P	F
K	R	E	K	L	W	Z	N	N	U	O	H	R	E	T	T	E	W	B	B
Z	Z	R	Ç	R	Z	Q	H	F	X	U	O	L	H	C	M	O	N	Q	W
S	S	M	Ç	O	R	O	D	A	R	B	A	L	Q	W	L	K	N	E	C
U	J	A	K	E	E	O	H	Y	M	Q	H	N	B	Q	Y	R	J	Y	A
N	G	N	A	H	V	D	R	E	T	N	I	O	P	L	E	D	U	P	N
B	R	N	N	N	Q	Q	O	U	N	C	K	H	R	I	Q	X	G	I	I
E	R	G	I	A	N	R	A	H	C	I	K	F	R	J	X	N	V	D	C
I	D	T	Y	B	X	L	I	X	Q	N	A	R	F	O	W	H	R	Q	H
J	T	U	K	A	O	R	H	B	L	L	E	L	S	W	I	J	E	L	E
J	Y	I	O	K	E	U	L	G	O	T	E	I	E	Q	U	P	G	D	O
K	C	E	M	H	S	H	L	V	J	X	Z	V	N	C	H	D	R	G	M
U	C	Ç	O	A	V	A	G	E	T	W	E	R	R	A	R	F	E	L	S
O	Y	B	N	S	N	K	Y	H	D	H	L	R	U	I	R	O	B	R	I
G	H	H	D	O	M	Ç	T	T	F	O	U	O	X	J	E	E	P	Ç	J
I	A	Q	O	T	L	E	K	C	E	T	G	C	A	Y	G	R	M	Ç	N
W	G	C	R	C	J	T	B	C	N	H	S	U	P	P	J	M	O	O	Z
P	I	N	S	C	H	E	R	H	Y	J	Q	G	E	N	N	F	P	N	P

Solution page 610

Au lieu de me donner du Prozac, ma pharmacienne m'a chanté : « Goldorak, go ! » et je me suis bien marré ! Comme quoi, les génériques, ça fonctionne vraiment…

CARRÉ MAGIQUE

FACILE

Obtenez la somme de **18** sur toutes les lignes horizontales et verticales !

		4
10		
	7	8

Solution page 618

Tous au violet

Routine quotidienne, baisse de libido... Envie de booster votre sexualité ? On vous donne le secret pour faire plus de galipettes : peignez les murs de votre chambre à coucher en violet ! En tout cas, c'est l'étude réalisée par l'entreprise britannique Littlewoods, qui en a fait cette déduction en questionnant **2 000 adultes** sur la fréquence de leurs ébats et la couleur de leur chambre. Voici le nombre de rapports hebdomadaires selon la couleur des murs :

1. Chambre violette : **3,49**
2. Chambre rouge : **3,18**
3. Chambre bleu ciel : **3,14**
4. Chambre rose : **3,02**
5. Chambre noire : **2,99**
6. Chambre bleu marine : **2,76**
7. Chambre jaune : **2,43**
8. Chambre orange : **2,36**
9. Chambre brune : **2,10**
10. Chambre blanche : **2,02**
11. Chambre beige : **1,97**
12. Chambre verte : **1,89**
13. Chambre grise : **1,80**

Les draps ont-ils un impact ?

Oui, la matière des draps est primordiale également. Voici le nombre d'ébats par semaine selon la matière :

1. Soie : **4,35**
2. Coton : **2,72**
3. Nylon : **2,35**
4. Polyester : **2,33**
5. Duvet : **1,80**

À vous de jouer !

Devenu riche
à force de peiner,
l'ouvrier roule sur
les pépettes.

DEVENU RÊCHE
À FORCE DE PINER,
L'OUVRIER PÈLE SUR
LES ROUPETTES.

Un chien, ça vous dit ?

On en est sûrs, vous allez avoir envie d'adopter un chien après avoir lu ceci : d'après une étude suédoise menée durant douze années sur 3,4 millions de personnes et publiée dans *Scientific* Reports, les personnes qui ont un chien sont moins touchées par les maladies cardio-vasculaires. **Les propriétaires de chien qui vivent seuls ont 33 % moins de risques de mourir et 11 % moins de risques de souffrir d'un infarctus du myocarde.** Mais pourquoi ? La présence d'un chien diminue les facteurs de stress provoqués par l'isolement, la solitude, la dépression. Mais aussi, être obligé de sortir pour promener son chien augmente l'activité physique quotidienne. **Quoi dire ?** Quand on sait que les maladies cardio-vasculaires restent la première cause de mortalité en France, avec **180 000 décès** par an (devant les cancers), comment dire… Un chien, c'est tout bénef !

QUI EST L'INTRUS ?

ORNITHORYNQUE

POULPE

ARA

LIÈVRE

PERRUCHE

CHALUMEAU

COQ

AIGLE

CORBEAU

MOINEAU

PHOQUE

Solution : Ils ont tous un bec, sauf le phoque.

PENDU

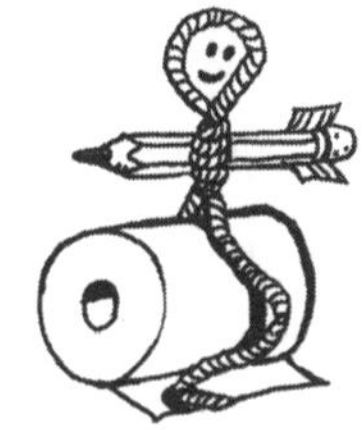

Pour ceux qui ne vont pas seuls aux toilettes…
Trouvez le mot correspondant avant que le bourreau ne vous pende…
À chaque erreur un trait se dessine.

A _ _ _ _   _ _ O

Solution : ALTER EGO

Humour

Gérard monte dans le bus et dit au chauffeur :

– Aujourd'hui, Gégé, il prend pas de ticket !

Le lendemain, même chose :

– Aujourd'hui, Gégé, il prend pas de ticket !

Et ainsi de suite chaque jour. Le chauffeur est exaspéré et demande aux contrôleurs d'intervenir et de le contrôler le lendemain à la même heure.

Le lendemain :

– Aujourd'hui, Gégé, il prend pas de ticket !

Le contrôleur l'attrape vivement par le bras et lui dit :

– Ah bon ? Et pourquoi Gégé ne prend pas de ticket ?

– Parce que Gégé, il a un pass à l'année !

PEOPLERIES

• Une future star est dans le ventre de sa maman, qui est en train de regarder un tableau de Léonard de Vinci. Soudain, le bébé donne son premier coup de pied. Sa mère décide : je l'appellerai **Leonardo (DiCaprio).**

• **Johnny Depp** souffre de coulrophobie. Promettez-moi de ne pas vous moquer ! C'est avoir peur des clowns !

• **Sean Connery** portait un postiche dans chacun des *James Bond* où il a tourné. Tellement séduisant sans, pourtant !

• Oh, le coquin ! **Jackie Chan** a tourné dans un film porno à 21 ans, avant d'être célèbre. Le titre du film : *All in the Family*.

• **Michael Jackson** aurait dû être dans une des tours du World Trade Center le 11 septembre 2001 mais, fatigué par un concert donné la veille, il ne s'est pas réveillé à temps.

• **Lady Gaga** a écrit *Born This Way* en dix minutes !

• **Beyoncé** est allergique au parfum… Mais elle a sorti plusieurs parfums à son nom.

• L'acteur **Tom Hanks** et le seizième président des États-Unis, **Abraham Lincoln,** sont cousins éloignés.

• **Megan Fox** a des pouces en forme d'orteils.

Conseils santé du WC BOOK !

• Les fruits et légumes non bio les plus contaminés par les pesticides sont : le raisin, les clémentines et mandarines, les cerises, les pamplemousses et pomelos, le céleri (rave ou en branche), les fraises, les nectarines et pêches, les oranges, les pommes, les abricots, les citrons, les poires, les endives, la laitue.

• Les fruits et légumes non bio contenant le moins de pesticides sont : le maïs, les asperges, les betteraves, le chou-fleur, la patate douce, l'oignon, le potiron, les brocolis, les avocats, les navets, les kiwis, les artichauts, la pastèque, les champignons, les épinards.

Mangez bio et privilégiez les producteurs locaux !

LABYRINTHE

FACILE

Avez-vous du caractère ?

- ❑ Oui
- ❑ Non
- ❑ Va te faire enculer

360 km/h

C'est la vitesse maximale de circulation des informations entre les neurones.

COMMENT FONT LES SOURDS-MUETS POUR TÉLÉPHONER AUX SECOURS ?

QUIZ

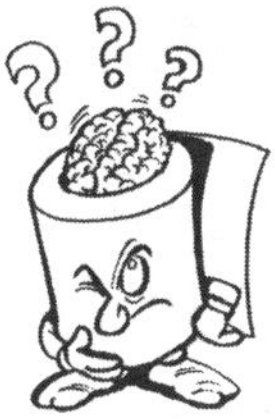

Quelle est la célèbre réplique de Francis Blanche dans un film français dont les dialogues ont été écrits par le non moins célèbre Michel Audiard ?

a. « Touche pas au grisbi, salope ! »
b. « Touche pas mes talbins, pouffiasse ! »
c. « La thune, c'est pas pour les souris ! »
d. « Toi, enlève tes paluches de l'oseille ! »

Solution : a. « Touche pas au grisbi, salope ! »

Le saviez-vous ?

Un voyage sur Mars vous tente ?

Oui, mais pas à n'importe quel prix ! Car un tel déplacement pourrait se révéler très dangereux pour la santé. Une étude de l'université de Californie, à Irvine, a démontré que le rayonnement cosmique pourrait entraîner de graves séquelles pour le cerveau humain : troubles de la mémoire, anxiété, dépression, indécision, grosse baisse de toutes les performances cognitives, etc. seraient au rendez-vous. De plus, ces problèmes seraient permanents et irréversibles, et s'aggraveraient avec le temps.
D'après les scientifiques, des conséquences de la sorte ont déjà été constatées après les missions lunaires. Les membres du programme Apollo notamment ont subi de lourdes séquelles cardiaques, les décès chez ces astronautes étant 5 fois supérieurs à ceux ayant effectué des missions au sol. Le chercheur Charles Limoli reste très pessimiste concernant les missions spatiales : « Les données récoltées constituent une preuve supplémentaire que les voyages lointains dans l'espace sont une menace réelle et unique à l'intégrité de nos circuits neuronaux. »

Donc la volonté de Barack Obama, puis de Donald Trump, d'envoyer des Hommes sur Mars dans les années 2030 devrait probablement être revue…

Je veux juste
que tu saches que
quelqu'un dans ce
monde tient à toi…

Pas moi…

Mais quelqu'un.

JEUX

MOTS CROISÉS

Horizontalement

1 - Perdant l'équilibre en butant sur quelque chose.
2 - Sigle de l'État Islamique - Verlan d'une personne à la peau noire.
3 - Pas net - Discipline olympique utilisant entre autres un ballon et se pratiquant en musique.
4 - Moi - Poisson très salé.
5 - Condition empêchant l'eau de s'infiltrer.
6 - Rote - Poisson méditerranéen.
7 - Gazons tondus.
8 - Onzième - Conjonction.
9 - Dans le coup - Riches.
10 - En caoutchouc - Marque l'arrêt.

Verticalement

I - Règle à angle droit - Véhicule tout-terrain - Pronom personnel.
II - J'ai montré toutes mes dents - Verbe irrégulier - Cri enfantin.
III - Ils donnent mauvaise haleine.
IV - Siège suspendu à un portique.
V - Doux et crémeux.
VI - Elles contiennent du liquide.
VII - Onomatopée - Huile essentielle - Se dit d'un signal.
VIII - Stressant.
IX - Matériel photographique japonais - Norme.
X - Agenceras habilement le fil.

JEUX

	I	II	III	IV	V	VI	VII	VIII	IX	X
1										
2			■		■					
3	■	■					■			
4			■							
5										
6							■			
7									■	
8	■	■				■				
9			■							■
10						■				

Solution page 608

Humour

Roger, 80 ans, passe sa visite de santé annuelle.

Son médecin l'ausculte avec son stéthoscope et tout à coup marmonne :

– Oh, oh… !

Le vieil homme s'inquiète :

– Que se passe-t-il, docteur ?

– Eh bien, Roger, vous avez un souffle cardiaque prononcé… Vous fumez ?

– Non.

– Vous buvez ?

– Pas une goutte d'alcool.

– Vous avez une vie sexuelle ?

– Oh oui, docteur !

– Alors j'ai bien peur qu'avec ce souffle cardiaque, vous soyez obligé de laisser tomber la moitié de votre activité sexuelle.

Roger est perplexe et demande au médecin :

– Quelle moitié, docteur ? La moitié qui regarde ou la moitié qui y pense ?

Superman
a une bouille
incroyable.

**SUPERMAN
A UNE COUILLE
IMBROYABLE.**

Humour

Germaine se glisse tout en douceur dans le lit, contre son Fernand qu'elle adore toujours :

– Ça va, mon cœur ?

– Je ne sais pas ! Je ne suis pas cardiologue !

Kinder, c'est allemand ?

Kinder est bien un mot allemand, qui signifie « enfants », mais la friandise est l'invention de la marque italienne Ferrero. Cette entreprise familiale a été fondée en 1946 par Pietro Ferrero, chocolatier du Piémont. Il a eu l'idée géniale de rajouter des noisettes au chocolat… pour créer le Nutella.

Le TOP 10 des interdictions insolites

1. Les Kinder Surprise aux États-Unis : jugés dangereux à cause du jouet à l'intérieur, qui représente un risque d'étouffement pour les plus jeunes.

2. Le jogging au Burundi : depuis 2014, le jogging en groupe est considéré comme camouflage d'activités subversives. Et attention, si vous êtes pris en train de courir avec vos amis, vous risquez la prison à vie ! En revanche, vous ne risquez rien si vous courez seul.

3. Tomber en panne d'essence en Allemagne : sur l'autoroute, interdiction de tomber en panne d'essence, mais interdiction également de marcher le long de l'Autobahn pour aller en chercher !

4. Le chewing-gum à Singapour : interdit depuis 1992, seules quelques personnes porteuses d'une autorisation médicale peuvent s'en procurer.

5. La réincarnation en Chine : sans l'accord du gouvernement ! Depuis 2007, une loi étrange contrôle la réincarnation de bouddhas vivants, et seuls les monastères bouddhistes peuvent demander la permission.

6. Mourir au Parlement en Grande-Bretagne : parce que cela vous rend éligible à des funérailles nationales !

7. Le catogan en Iran : ainsi que les pics élaborés et la nuque longue sont bannis afin d'éviter l'influence occidentale. D'ailleurs, les autorités iraniennes ont sorti un journal montrant les coiffures autorisées et les coiffures interdites.

8. Le jean bleu en Corée du Nord : car cette couleur est associée aux États-Unis. Du coup les jeans de couleur bleue sont interdits, pas les autres.

9. Les vêtements jaunes en Malaisie : à cause des protestations contre les lois électorales de 2011, lors desquelles des activistes étaient habillés en jaune.

10. Les voyages dans le temps dans les fictions audiovisuelles en Chine : depuis 2011, car le gouvernement a jugé ce genre de films ou de séries irrespectueux envers l'Histoire.

QU'EST-CE QUI EST VERT ET A DES ROUES ?

Solution : L'herbe. J'ai menti pour les roues.

Un couple dans le lit :

– Ma puce, qu'entends-tu par contraception orale ?

– Tu me demandes un rapport sexuel et moi je dis : « Non. »

CITATIONS

Le meilleur de l'humour anglo-saxon par le WC BOOK !

« Quand on est amoureux, on vit les deux jours et demi les plus beaux de son existence. »
Richard Lewis

« On dit toujours : "Il est mort sans le sou", comme si c'était une catastrophe. Moi, je trouve que c'est plutôt un bon timing. »
Al Cleathen

« Quand les piles de votre walkman sont usées et que vous écoutez du Bob Dylan, ça ne change pas grand-chose. »
Lance Crowther

« Le meilleur moyen pour que le feu passe au vert, c'est de chercher quelque chose dans la boîte à gants. »
Billy Connolly

« Le divorce, c'est l'alternative légale du meurtre. »
Jeff Foxworthy

« Certaines personnes vont en Inde pour percer le mystère de la vie. Moi, j'essaie toujours de trouver un moyen de faire démarrer ma voiture. »
Rodney Dangerfield

CITATIONS

« L'hippopotame est monogame. Quand on en voit un,
on se dit que c'est déjà beaucoup. »
Will Cuppy

« Je viens juste de devenir parrain.
J'ai fait tuer mon frère. »
Auggie Cook

« Ma femme et moi, on a trouvé un bon moyen de finir nos discussions :
je reconnais que j'ai tort et elle admet avoir raison. »
Jack Benny

« Ma boisson favorite est un cocktail à base de whisky et de jus de carottes.
Je suis toujours saoul, mais j'ai une excellente vue. »
Roy Chubby Brown

« Ma femme ne s'était jamais rendu compte que je buvais,
jusqu'au jour où elle m'a vu sobre. »
Ronald Jansen

« Mes deux compositeurs favoris sont les Bach :
Jean-Sébastien et Jacques-Offen. »
Victor Borge

« Je voulais devenir athée mais j'ai laissé tomber
car ils n'ont jamais de vacances. »
Henny Youngman

CITATIONS

« Je suis très fier de payer mes impôts,
mais pour être tout à fait honnête, je le serais
tout autant si j'en payais deux fois moins. »
Arthur Godfrey

« J'arrive toujours en retard au bureau,
mais je me rattrape en partant plus tôt. »
Charles Lamb

« Je pense que la poule a été créée avant l'œuf
car j'imagine difficilement Dieu en train de couver. »
Anonyme

« Le meilleur moyen pour obtenir que votre mari fasse quelque chose,
c'est de lui dire qu'il est trop vieux pour le faire. »
Felicity Parker

« Si vous voulez connaître l'âge d'une femme,
demandez à sa belle-sœur. »
Edgar W. Howe

Le plus difficile,
quand tu es parent,
est de ne pas répondre
« DANS TON CUL ! »
à chaque fois que tes
enfants te demandent
où se trouve quelque
chose !

JEUX

SUDOKU

	5	6	2			1		8
			7			3		
	4			1		7		
6							7	
4			3		2			1
	8							5
		7		3			2	
		4			8			
2		9			6	5	8	

Solution page 605

Charade

Mon **premier** est **DEDANS**.

Mon **second** est ce
qu'on doit **RECEVOIR**.

Mon **troisième** est un **GOÛT**
de vieux beurre.

Mon **tout** est nécessaire au
COUREUR.

Solution : En-Dû-Rance : ENDURANCE

ALORS LE DÉTAPISSAGE ?
ÇA AVANCE...

« Il y a des hommes qui se retirent et qui laissent un vide immense. »

Rocco Siffredi

JEUX

MOTS MÊLÉS

Oiseaux

Saurez-vous retrouver chacun des mots cachés dans ce tableau ?

Les mots peuvent être écrits horizontalement, verticalement, en diagonale ou à l'envers.

Mots à trouver :

1) ANDROPHOBE
2) BOUVREUIL
3) COSCOROBA
4) COULICOU
5) CRECERELLE
6) ENGOULEVENT
7) FOURNIER
8) FRANCOLIN
9) HARFANG
10) HIBOU
11) KOOKABURRA
12) LORIQUET
13) MANAKIN
14) MOINELETTE
15) OUTARDE
16) ROUGEQUEUE
17) TOURTERELLE
18) VAUTOUR
19) ZOSTEROPS

JEUX

P	S	K	R	K	R	E	I	N	R	U	O	F	K	D	R	D	T	K	L
W	P	R	U	Q	M	M	E	A	I	V	U	O	B	I	H	A	J	Y	Y
B	X	G	Z	E	C	K	H	U	Y	N	X	C	L	I	U	Z	Q	E	D
B	E	Y	V	L	Z	C	E	E	E	T	T	E	L	E	N	I	O	M	Ç
R	C	E	L	L	E	R	E	T	R	U	O	T	N	I	K	A	N	A	M
H	R	L	A	E	Y	N	W	K	K	O	Q	D	F	Q	E	M	K	Z	D
Y	F	I	V	R	X	E	N	G	O	U	L	E	V	E	N	T	Y	F	M
A	H	S	K	E	O	J	Q	L	W	Q	I	Q	G	Q	F	S	F	S	N
N	Q	T	C	C	W	C	V	G	Z	B	Z	X	A	U	G	E	S	T	U
D	B	Y	U	E	P	M	L	T	N	O	P	B	C	K	O	Q	W	E	O
R	S	F	U	R	E	Ç	G	U	S	A	O	N	T	G	R	R	H	U	C
O	M	U	R	C	C	E	W	T	B	R	F	X	G	K	F	C	B	Q	I
P	E	J	O	A	D	Z	E	B	O	U	V	R	E	U	I	L	Z	I	L
H	E	H	C	R	N	R	R	C	C	M	T	E	A	X	T	U	V	R	U
O	I	D	A	V	O	C	S	A	U	R	W	K	M	H	T	K	E	O	O
B	Z	T	H	P	K	O	O	K	A	B	U	R	R	A	Q	Y	M	L	C
E	U	N	S	S	C	O	Q	L	C	Y	R	N	P	J	Ç	T	T	O	G
O	C	Y	H	Q	J	X	X	R	I	R	I	V	S	C	Y	I	B	Y	I
Ç	V	V	A	U	T	O	U	R	R	N	C	C	Ç	A	Y	I	B	Ç	A
W	Ç	T	S	S	I	S	T	T	P	T	S	H	E	U	U	G	D	X	G

Solution page 610

Trois ans durant,
il était resté fou
amoureux de moi
sans que je le
susse !

PEOPLERIES

TCHAO PANTIN, UN TOURNAGE SOUS HAUTE TENSION

À l'époque, Coluche n'était pas vraiment chaud pour le rôle dans **Tchao Pantin.** Déprimé et mal dans sa peau, il accepte d'y jouer surtout pour arranger sa situation financière et rembourser une partie de la somme colossale qu'il doit aux impôts. Quitté par sa femme, il a du mal à surmonter également le décès de son ami Patrick Dewaere, qui s'est suicidé avec la carabine qu'il lui a offerte. Claude Berri est souvent obligé de le filmer de dos, tellement le comédien est défoncé…

CARRÉ MAGIQUE

MOYEN

Obtenez la somme de **70** sur toutes les lignes horizontales et verticales !

22	3	9		
	17	23	4	10
5		12	18	
19			7	13
	14		26	2

Solution page 618

10 000

C'est le nombre de pas recommandés par jour pour rester en bonne santé.

100 000

C'est la longueur totale en kilomètres des vaisseaux et capillaires. Ceci représente **2,5 fois** le tour de la Terre.

QUI EST L'INTRUS ?

BENIGNI

MASTROIANNI

HILL

TOGNAZZI

MORETTI

LOLLOBRIGIDA

SIFFREDI

CARDINALE

DE NIRO

DICAPRIO

Solution : Parmi tous ces acteurs d'origine italienne, un seul est une star… de films classés X.

Humour 

Dans une salle d'attente, une dame et un bébé attendent patiemment le docteur pour le premier examen du bébé. Il arrive enfin. Dans le cabinet, le médecin vérifie le poids du bébé et devient un peu préoccupé :

– Il est nourri au sein ou au biberon ?

– Heu... Au sein, docteur.

– Eh bien, déshabillez-vous jusqu'à la taille, madame.

Ce qu'elle s'empresse de faire. Le médecin commence à lui palper et lui pincer les tétons pendant de longues minutes dans le cadre d'un examen très minutieux.

Il lui demande enfin de se rhabiller :

– Pas surprenant que le bébé ait un poids si peu élevé. Vous n'avez pas de lait !

– Je sais, je suis sa grand-mère. Mais je suis contente d'être venue.

PENDU

Pour ceux qui ne vont pas seuls aux toilettes…
Trouvez le mot correspondant avant que le bourreau ne vous pende…
À chaque erreur un trait se dessine.

C _ _ _ _ _ _ _ E

Solution : CAFARDAGE

Pour se remettre d'une soirée trop arrosée

Les œufs sont excellents pour chasser le mal de tête et autres inconvénients d'une soirée trop alcoolisée. La présence de cystéine, un acide aminé, aide à briser l'acétaldéhyde, source du mal-être du lendemain matin. Les œufs accélèrent également l'élimination des toxines accumulées par l'alcool.

LABYRINTHE

MOYEN

Humour

La maîtresse d'école demande à sa classe :

– Qui peut faire une phrase avec un complément d'objet direct ?

Le petit Martin, 9 ans, lève la main :

– Moi, moi !

– Quelle est ta phrase, Martin ?

–Vous êtes la plus gentille maîtresse de l'école !

– C'est gentil mais… Quel est l'objet de cette phrase ?

– Eh bien, c'est d'avoir une bonne note !

En chauffant sa maison à **19°** au lieu de **20°,** on peut réaliser jusqu'à **7 %** d'économie sur sa facture d'électricité... On évite donc les coups de chaud ! Et le portefeuille vous dira merci.

POURQUOI « RIEN » NE VAUT-IL RIEN, ALORS QUE « TROIS FOIS RIEN » VAUT QUELQUE CHOSE ?

JEUX

MOTS CROISÉS

Horizontalement

1 - Armes de frappe.
2 - État indien.
3 - Grand hippodrome parisien.
4 - Orner les bateaux en signe de victoire.
5 - Surveillés - Première partie d'une conséquence obligée.
6 - Le Fils du Père - Ressources humaines.
7 - Herbe des bois humides à l'odeur poivrée - Langage de programmation des années 1980.
8 - Bandit au grand cœur.
9 - Titane - Pour les filles et les garçons.
10 - Qui s'est tournée vers une autre opinion.
11 - Nourriture de base en Asie - Xénon - Section de technicien supérieur.

Verticalement

I - Grand chorégraphe.
II - Bois à coup de langues - En ce lieu.
III - M'éteignis à petit feu - Magicien.
IV - Réalise des enquêtes - Moins que deux.
V - Comportement modéré, tolérant et réfléchi - Abréviation de « nouveaux ».
VI - Chrome - Classée.
VII - Revenir à quelqu'un - Orchestre de la Suisse romande.
VIII - Systèmes d'écriture.
IX - En opposition aux corps - Selon l'auteur.
X - Souillées.

JEUX

	I	II	III	IV	V	VI	VII	VIII	IX	X
1	■								■	
2		■				■		■		■
3	■									
4										
5						■				
6						■			■	
7							■			
8		■		■	■					
9			■							
10	■									
11				■			■			

Solution page 608

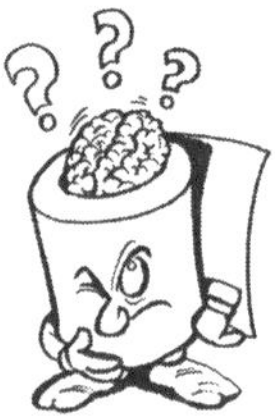

QUIZ

Quel tueur en série était surnommé « le boucher de Plainfied » ?

a. Jack l'Éventreur
b. Francis Heaulme
c. Ed Gein
d. Hannibal Lecter

Solution : c. Ed Gein.

Les sex-toys sont plus sûrs que les jouets !

Étonnant mais vrai ! Ce que vous mettez dans les mains de vos bambins n'est pas ce que vous croyez ! Une étude menée par l'autorité suédoise d'inspection des produits chimiques révèle que les accessoires sexuels représentent moins de risques pour la santé que les jouets pour enfants.

- Dans les sex-toys, on retrouve seulement 2 % de produits chimiques interdits, comme la paraffine (cancérigène) ou les phtalates (perturbateurs endocriniens).
- Dans les jouets pour enfants, on retrouve… 15 % de ces produits dangereux ! Pour cause : beaucoup de jouets étant fabriqués en Asie, les producteurs peinent à imposer les normes à leurs nombreux sous-traitants.

Humour

Gabriel rencontre son ami Yann :

– Alors, mon pote ? Ça ne te pèse pas trop d'avoir complètement cessé de fumer ?

– Pas du tout ! Mais alors, pas du tout ! En fait, je n'y pense même plus.

– Génial, Yann. Et ça fait combien de temps que tu n'en as pas grillé une ?

– Trois ans, 2 mois, 9 jours, 13 heures et… 24 minutes.

Elle tricote des pulls comme personne.

ELLE TRIPOTE DES CULS COMME PERSONNE.

Mon ami me certifiait que l'oignon était le seul aliment qui fait pleurer.

Depuis que je lui ai envoyé une noix de coco en pleine gueule, il a enfin reconnu qu'il s'était trompé !

ÉQUIPE
D'INTERVENTION LOCALE.

Le saviez-vous ?

L’endurance de l’être humain dépasse celle des animaux ! Au point qu’à l’époque préhistorique, il pouvait suivre sa proie pendant des jours, jusqu’à ce qu’elle meure d’épuisement…

La mort en citations

« Obsèques : consolez-vous, quand il ne s'agit pas des vôtres, l'oraison du plus mort est toujours la meilleure. »
Pierre Berloquin

« Puisque la mort est inévitable, oublions-la. »
Stendhal

« Les morts ont de la chance : ils ne voient leur famille qu'une fois par an, à la Toussaint. »
Pierre Doris

« Jusqu'à la décomposition, je composerai. »
Serge Gainsbourg

Top 10 des produits français qui cartonnent dans le monde

Parmi les best-sellers du Made in France, certains sont moins connus que d'autres :

1. La friteuse Tefal

Grâce à Oprah Winfrey, qui a déclaré ouvertement sur Twitter son coup de cœur pour le produit français. La marque Seb, c'est 84 % de ses 4,2 milliards d'euros de chiffre d'affaires réalisés hors de France.

2. Les téléphériques made in Grenoble

Plus de 60 % du chiffre d'affaires de Poma (quelque 283 millions d'euros par an) sont dédiés à l'export.

3. L'antipaludisme le plus vendu au monde

L'Asaq Winthrop®, l'antipaludisme le plus vendu au monde, est une conception française produite au Maroc et destinée surtout au continent africain.

4. Le stylo Bic

Un succès à l'américaine, ce petit produit français ! Plus de 100 milliards de stylos Bic ont été vendus depuis son invention, 45 % de ses ventes allant vers l'Amérique du Nord. Un chiffre d'affaires de 1 971 millions d'euros, rien qu'en 2014…

5. Les voiliers

Les bateaux français plaisent au monde entier. La France est le leader mondial avec 535,6 millions d'euros de chiffre d'affaires en 2013-2014. Rien que le Sens 55 représente à lui seul 72,4 % de son activité pour l'export.

6. Le parfum français

Vous pensez à Chanel N° 5 ? Eh non, raté ! C'est La vie est belle de Lancôme qui l'a détrôné et est maintenant la fragrance la plus appréciée dans le monde, avec un chiffre d'affaires de 66 millions d'euros provenant de l'étranger.

7. Le malt

Gros producteur d'orge, la France exporte la céréale aussi loin que la Chine ou l'Arabie Saoudite… Le groupe Soufflet Négoce réalise plus de la moitié de son chiffre d'affaires à l'export.

8. Les Pom'Potes

C'est LE goûter phare à l'étranger, surtout en Amérique. Le groupe Materne affiche ainsi 265 millions d'euros de chiffre d'affaires en 2016…

9. Le champagne Moët

Le monde entier trinque au Moët & Chandon ! Chaque année, 30 millions de bouteilles (à 54 euros) sont vendues dans le monde. Ainsi, la marque du groupe LVMH exporte 94 % de ses produits.

10. Le code-barres de Nantes

Un code-barres européen sur 2, et 1 sur 4 dans le monde, vient de France ! De la société Armor basée à Nantes, plus précisément, qui est spécialisée dans la chimie des encres et l'impression. Quoi d'autre ? 214 millions d'euros de chiffre d'affaires, dont 80 % à l'export…

Humour

Il paraît qu'il faut
3 moutons pour faire
un pull en laine.
J'ignorais qu'ils
savaient tricoter
ces cons-là !

JEUX

SUDOKU

				8			4	
	2	5		4	1		8	
	9							5
7	1		3					9
5					7		3	8
2							9	
	5		8	9		2	6	
	7			3				

Solution page 605

Charade

Mon **premier**
est un **VÉHICULE**.
Mon **deuxième** marque
un **ARRÊT**.
Mon **troisième** se lit avec
des **AIGUILLES**.
Mon **tout** pointe un **DOIGT**
DANS L'ESPOIR
d'être pris.

Solution : Auto-Stop-Heure : AUTO-STOPPEUR

Julien aborde, avec toute sa classe habituelle, une jolie jeune fille lors d'une soirée chic et parisienne :

– Mademoiselle, quelle beauté, quelle sensibilité, quelle pétulance…

– Mais monsieur… Je ne vous ai pas permis de me tutoyer !

JEUX

MOTS MÊLÉS

Styles de danses

Saurez-vous retrouver chacun des mots cachés dans ce tableau ?

Les mots peuvent être écrits horizontalement, verticalement, en diagonale ou à l'envers.

Mots à trouver :

1) BACHATA
2) BAMBUCO
3) BOLERO
4) CHACARERA
5) CHARLESTON
6) FANDANGO
7) FLAMENCO
8) HAMBO
9) HORO
10) KIZOMBA
11) KUDURO
12) LAKALAKA
13) LAMBADA
14) POLKA
15) QUICKSTEP
16) SALSA
17) SAMBA
18) SIRTAKI
19) TANGO
20) TWIST
21) VALSE
22) ZAPATEADO

JEUX

Y	I	C	T	D	H	E	Ç	O	Y	A	Ç	E	S	L	A	V	K	S	L
M	H	C	G	J	Z	Z	R	K	U	B	Q	D	O	K	Ç	K	J	A	C
W	N	L	F	L	A	M	E	N	C	O	X	Q	G	Ç	K	I	J	M	N
N	Q	S	H	F	H	E	H	C	K	P	T	B	Z	H	Z	W	J	B	F
N	E	D	Ç	A	J	Ç	P	D	V	O	Q	O	E	W	C	K	G	A	R
T	S	I	W	T	N	J	X	E	M	B	O	L	E	R	O	M	Ç	C	B
J	H	L	K	J	Z	A	P	A	T	E	A	D	O	R	W	N	P	H	Y
Ç	P	O	L	K	A	O	Z	P	A	S	W	W	O	C	D	F	B	A	Q
Ç	N	F	A	P	K	P	H	B	K	W	K	H	I	Y	U	Y	A	T	W
N	E	A	B	H	Y	X	W	L	A	N	B	C	J	K	I	B	T	A	M
P	G	T	M	J	H	V	C	B	L	T	Ç	O	I	B	B	W	M	G	Ç
T	J	O	O	X	B	B	V	Y	A	A	G	A	B	U	Q	W	X	A	Ç
J	F	S	Z	L	Y	W	Y	Q	K	N	S	B	T	W	Q	K	D	R	B
Z	V	A	I	Q	G	Y	G	B	A	G	R	R	Q	H	U	Y	U	E	L
H	L	D	K	R	Ç	Ç	G	D	L	O	X	U	Z	D	W	Z	E	R	H
L	U	A	A	Z	T	S	N	B	T	V	N	P	U	R	T	H	B	A	S
I	J	B	H	F	K	A	G	D	C	B	T	R	W	D	J	M	B	C	W
H	A	M	B	O	F	L	K	A	Q	K	O	Z	Z	G	B	V	M	A	F
I	A	A	V	L	X	S	K	I	M	N	O	T	S	E	L	R	A	H	C
C	T	L	A	L	Q	A	T	O	I	H	K	Z	Y	M	Ç	O	I	C	R

Solution page 611

Lucie fête son anniversaire aujourd'hui et demande à son mari Fred :

– Dis, tu m'as achetée quoi pour mon anniversaire ?

– Euh… Tu vois la Ferrari rouge, là-bas ?

– Oh oui ! dit Lucie toute excitée.

– Eh bien, je t'ai acheté un pull de la même couleur.

QUE FONT LES MUSICIENS LORSQU'ILS SONT FATIGUÉS ?

Solution : Ils jouent de la musique de chambre...

PEOPLERIES

SPÉCIAL CINÉ : Pour diverses raisons, ou par manque d'intuition tout simplement, ils ont refusé un rôle qu'ils n'auraient jamais dû refuser !

- **Gwyneth Paltrow** a refusé le rôle de Rose dans *Titanic.*
- **Will Smith** a refusé le rôle de Neo dans *Matrix.*
- **Tom Selleck** a refusé le rôle principal d'*Indiana Jones.*
- **Sandra Bullock** a refusé le rôle principal de *Million Dollar Baby.*
- **Bette Midler** a refusé le rôle principal de *Sister Act.*
- **Jack Nicholson** a refusé le rôle de Michael Corleone dans *Le Parrain.*
- **Mel Gibson** a refusé le rôle principal de *Gladiator.*
- **Molly Ringwald** a refusé le rôle de Vivian dans *Pretty Woman.*
- **Thomas Jane** a refusé le rôle de Don Draper dans la série *Mad Men.*
- **Michelle Pfeiffer** a refusé le rôle principal dans *Le Silence des agneaux.*
- **Katie Holmes** a refusé le rôle de Cordelia dans *Buffy contre les vampires.*
- **Matt Damon** a refusé le rôle principal dans *Avatar.*

CARRÉ MAGIQUE

DIFFICILE

Obtenez la somme de **284** sur toutes les lignes horizontales et verticales !

4	63	10	65		47	26	
	16	53	62	27	48		46
13	6	67		29	38	51	
66			55	34	41	28	39
		60	7	50	25	44	23
61	54	19		45	22	35	40
59	64	5	14	43			30
52	15	58	17			42	33

Solution page 618

Humour

Gérard appelle sa femme au téléphone :

– Ma chérie ! J'ai fini le boulot, je rentre. Va fermer toutes les portes et descends les volets roulants. Éteins toutes les lumières et attends-moi dans notre chambre…

Sophie est tout émoustillée. Elle suit à la lettre les instructions de son mari. Puis elle attend son homme dans la chambre, excitée comme une puce.

Gérard ouvre soudain la porte et s'exclame :

– Regarde ma nouvelle montre, comme elle est phosphorescente !!!

Des Chiffres, Des Chiffres

Le *Guiness* du ballon rond

En **1314,** le maire de Londres interdit le « jeu de balle ». Pour lui, le football est un sport brutal provoquant de « grands désordres dans la cité par des rageries ». Il reste ainsi proscrit jusqu'en **1617.**

174 000 supporters assistent à la finale de la Coupe du monde entre le Brésil et l'Uruguay le **16 juillet 1950** au stade Maracana de Rio de Janeiro.

31-0 : c'est le score enregistré lors de la rencontre entre l'Australie et les îles Samoa, le **11 avril 2001.** C'est le plus gros écart de buts jamais vu lors d'un match international.

Il a fallu **56 secondes** à l'arbitre français Joël Quiniou après le signal du début du match pour donner à l'Uruguayen José Batista un carton rouge durant la Coupe du monde en **1986.** Ceci rentre dans l'histoire comme le carton rouge le plus rapide lors d'une coupe mondiale.

Des Chiffres, Des Chiffres

Le **5 août 1970** a eu lieu la première séance de tirs au but, pour départager les équipes de Manchester United et Hull City **(1-1),** lors de la Watney Cup. Manchester l'emporte finalement **4** à **3.** Mais comment faisait-on avant ? Ben, on rejouait le match ou, pire, on tirait le vainqueur au sort !

805 : c'est le nombre de buts inscrits dans la carrière de l'attaquant tchécoslovaque des années **1940,** Josef Bican.

5 000 ballons sont envoyés sur le front en **1917** pour changer les idées des poilus dans les tranchées.

Quand on dit que le foot rapporte, on sait de quoi on parle. Notez que le premier transfert dans l'histoire a été fait en **1893** pour **120 euros.** De nos jours, multipliez ce chiffre par **842 000** afin d'obtenir la somme de transfert du joueur gallois Gareth Bale, au Real de Madrid en **2013.** Vous n'arrivez pas à faire le compte ? C'est normal, la différence est colossale : plus de **100 millions d'euros !**

11 joueurs par équipe depuis le milieu du XIXe siècle. Pourquoi ? À cause des dortoirs de l'époque, dans les pensions anglaises, qui comportaient **10 lits.** Pour affronter le dortoir voisin, le surveillant se joignait à l'équipe dans le rôle de gardien de but. En **1896,** le jeu à **11** devient une règle.

QUI EST L'INTRUS ?

MOUCHE

KIWI

ABEILLE

CHAUVE-SOURIS

MOUETTE

COLÉOPTÈRE

CONDOR

PAPILLON

MOUSTIQUE

BOEING 747

Solution : Tous, sauf le kiwi, volent.

PENDU

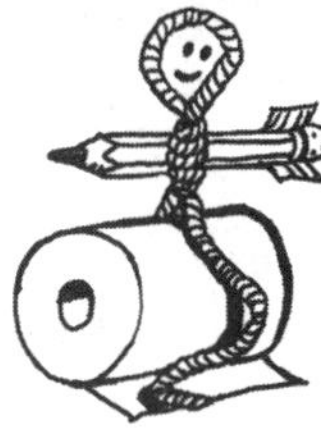

Pour ceux qui ne vont pas seuls aux toilettes…
Trouvez le mot correspondant avant que le bourreau ne vous pende…
À chaque erreur un trait se dessine.

F _ _ _ _ _ _ _ _ _ _ N

Solution : FOCALISATION

Humour

Deux chiens de cirque discutent :

– Alors, comment tu trouves ton boulot ?

– Super ! J'ai même réussi à dompter le dresseur !

– Ah bon ?

– Oui. À chaque fois que je saute, il me donne une friandise !

QUIZ

Quelle ville a été entièrement détruite en 1902 suite à l'éruption d'un volcan ?

a. Saint-Claude, en Guadeloupe
b. Saint-Pierre, en Martinique
c. Catane, en Sicile
d. San Salvador, au Salvador

Solution : b. Saint-Pierre, en Martinique.

Faire soi-même ses pastilles pour le lave-vaisselle

Vous savez que le fait maison est très à la mode depuis quelques années. Que lorsque l'on fabrique soi-même ses produits pour le ménage, ses cosmétiques, sa nourriture, on est sûr d'utiliser de bons produits naturels et écologiques. Saviez-vous que l'on peut même fabriquer les pastilles pour son lave-vaisselle ?
Elles sont tout aussi efficaces et moins coûteuses, et les ingrédients les composant sont très faciles à trouver et garantis sans phosphates.

Pour 15 tablettes, il vous faut :

60 g de cristaux de soude
60 g de bicarbonate de soude
60 g d'acide citrique
60 g de gros sel
1 flacon spray
1 bac à glaçons

Trucs et Astuces

Étape 1 : mélangez les poudres.
Étape 2 : humidifiez-les grâce au spray. Faites attention à ne pas en mettre trop, sinon le mélange moussera*. Vous avez la bonne consistance lorsque vous pouvez former une boule de neige.
Étape 3 : versez la préparation dans le bac à glaçons en tassant bien afin de chasser les bulles.
Étape 4 : laissez sécher durant 24 heures.
Étape 5 : démoulez les pastilles. C'est prêt !
Les pastilles se conservent pendant 6 mois dans un bocal bien fermé, à l'abri de la lumière et de la chaleur.

Les astuces gagnantes : ajoutez 15 gouttes d'huile essentielle de lavande et 15 gouttes d'huile essentielle de citron pour une odeur de propre. Puis, pour le rinçage au naturel, le vinaigre blanc suffit largement.

* La seule difficulté est d'humidifier correctement la préparation : si vous mettez trop d'eau, le mélange va mousser, si vous n'en mettez pas assez, il va être trop compact. Heureusement, sachez que, même si vous « ratez » un peu les premières fois, pas de souci, le mélange peut être utilisé en poudre dans le lave-vaisselle. Dans les pires des cas, vous pouvez l'utiliser pour blanchir et détartrer la cuvette des toilettes.

LABYRINTHE

DIFFICILE

Le FBI.

La CIA.

J'en étais sûr,
putain de merde !!!
Pourquoi avez-vous prononcé
le premier à l'américaine et
le second à la française ?!

POURQUOI ???

Sacré mariage

51 % des mariages sont financés par les mariés eux-mêmes.

40 % du budget d'un mariage part dans la restauration.

QUE FAITES-VOUS SHERLOCK ?
AIDE ALIMENTAIRE MON CHER WATSON !

POURQUOI
LES FIENTES DE
MOINEAUX SONT
NOIRES SUR UNE
VOITURE BLANCHE
ET BLANCHES SUR
UNE VOITURE
NOIRE ?

Macron à la tribune :

– Le chômage n'est pas une fatalité ! Regardez : Francis Cabrel n'était rien et voilà qu'aujourd'hui, il est le gardien du sommeil de ses nuits !

JEUX

MOTS CROISÉS

Horizontalement

1 - Qui relève de réactions affectives.
2 - Préparai.
3 - Eus le courage - Les Gaulois craignaient sa chute.
4 - Société d'applications générales d'électricité et de mécanique - État impeccable.
5 - Marque de négation - Forme du participe passé - Pays-Bas.
6 - Argent - Insecticide puissant - Préfixe exprimant le soucis de l'environnement.
7 - Quémande sur un ton larmoyant.
8 - Qui caractérise une chose inédite.
9 - Organismes vivants.
10 - Ensemble d'enseignements et de pratiques réservés à des initiés.

Verticalement

I - Dieu de l'Amour - Retenue du souffle.
II - Pleurs.
III - Personne dont on s'est emparé - Devise.
IV - Classifie - Sac de couchage.
V - Intelligence artificielle - Université coranique turque.
VI - Organisation mondiale du commerce - Volcan sicilien.
VII - Petites personnes - Institut universitaire.
VIII - Refusée - Encéphalopathie chronique traumatique.
IX - Déjeune à l'américaine.
X - Note de musique - Fragment de glace en forme de radeau - Participe passé au féminin.

JEUX

	I	II	III	IV	V	VI	VII	VIII	IX	X
1										
2		■							■	
3					■					■
4						■				
5	■			■				■		
6			■				■			
7										
8										■
9						■	■	■	■	
10										

Solution page 608

Le saviez-vous ?

Qui est protégé ?

Certaines personnalités sont protégées en permanence, elles disposent d'un véhicule et de deux officiers de sécurité. Elles sont plus de 120, françaises ou étrangères. Parmi elles, il faut compter :

- Le président de la République, bien sûr.
- Les membres du gouvernement : les anciens présidents, Premiers ministres et ministres de l'Intérieur sont protégés à vie, peu importe la durée de leur fonction.
- Les personnalités non gouvernementales : l'évaluation des menaces est établie par l'Unité de coordination de la lutte antiterroriste (Uclat) sur une échelle de risque de 1 à 4. La décision d'accorder ou pas une protection est prise par le ministre de l'Intérieur.

Soyez rude si
vous voulez que
ça cesse.

SOYEZ RAIDE SI
VOUS VOULEZ QUE
ÇA SUCE.

Humour

Entre la mort
de Claude François
et Fukushima, le 11 mars
est vraiment une date
de merde pour
l'électricité !

TOP 10 des pays les plus pacifiques du monde

Global Peace Index ou GPI, un projet mis en place par l'Institute for Economics and Peace (IEP), analyse annuellement plus de 160 pays (99,7 % de la population mondiale) et les classe selon leur niveau de paix. Les critères sont : manifestations violentes, importation d'armes, conflits nationaux ou internationaux, sécurité dans la société, militarisation…

Cette analyse vient de l'édition 2017.

- La France détient la 51e place. Elle a perdu 5 rangs depuis 2016, à cause de l'augmentation du terrorisme.
- Madagascar, le Laos, la Mongolie et la Lettonie sont plus pacifiques que la France.
- La paix dans le monde s'est détériorée de 2,14 % depuis 2008.

Et voici le classement :

10. Irlande
9. Suisse
8. Canada
7. Slovénie
6. République tchèque
5. Danemark
4. Autriche
3. Portugal
2. Nouvelle-Zélande
1. And the winner is… L'Islande, depuis l'année 2008, c'est-à-dire plus de 10 ans déjà ! C'est également le pays du monde le plus pacifique dans les domaines de la sûreté/sécurité dans la société et de la militarisation.

Le saviez-vous ?

Incroyable mais vrai !

- **On s'illumine dans le noir !** Oui, vous avez bien lu : l'être humain est bioluminescent. Seulement, la lumière émise est 1 000 fois plus faible de ce que l'œil humain peut percevoir.
- **Nous avons plus de 5 sens !** En plus de la vue, l'odorat, le toucher, le goût et l'ouïe, il existe une quinzaine d'autres sens liés à la douleur, le temps, à l'équilibre, la soif, la température…
- **Dans chaque corps humain, on trouve un peu d'or !** 0,2 milligramme, plus exactement, dans notre sang. Mais, on se calme : pour se faire une pièce de 8 grammes d'or, il faudrait en extraire de 40 000 personnes…

La mort en citations

« Riez, mes enfants, riez ! Ça n'a rien de tragique !
Dans cent ans, chacun de nous n'y pensera plus. »
Boris Vian

« Le suicide, c'est une vengeance personnelle,
et moi, personnellement, je ne m'en veux pas. »
Coluche

« À ma mort, je souhaite léguer mon corps
à la science-fiction. »
Steven Wright

« Bien sûr, les cercueils ne sont pas taillés sur
mesure ; mais les morts s'adaptent à tout. »
François Caradec

Humour

Robert et Roger sont au bistrot et parlent chacun de leur femme :

– Tu savais que ma femme est médium ? Elle peut me prédire l'avenir !

– Ah bon ? La mienne est extra-large et elle ne me dit plus rien du tout…

SUDOKU

		9		2	6			
		5	1			6		
	4		5		9			2
				3	5			7
	6	3				1	2	
4			2	6				
1			6		4		3	
		4			2	9		
			8	5		4		

Solution page 605

Charade

Mon **premier** se **JOUE**
en se jetant.

Mon **second** est de **BLÉ**
ou de **SABLE**.

Les **COMMENTATEURS**
hurlent mon **troisième** au Brésil.

Mon **quatrième** précède
« LA VIE ÉTERNELLE ».

Mon **tout** est une **CHUTE**
vertigineuse.

Solution : Dé-Grain-Goal-Ad : DÉGRINGOLADE

Julie reproche à son mari, Antoine :

– C'est une honte ! Hier soir, tu es rentré complètement saoul !

– Mais pas du tout, mon amour…

– Comment ça, « Pas du tout » ? C'est toi-même qui me l'as avoué !

– Tu sais, mon amour, il ne fallait pas le croire : je dis n'importe quoi quand je suis bourré !

JEUX

MOTS MÊLÉS

Arbres

Saurez-vous retrouver chacun des mots cachés dans ce tableau ?

Les mots peuvent être écrits horizontalement, verticalement, en diagonale ou à l'envers.

Mots à trouver :

1) ARGANIER
2) ASTRONIUM
3) AUBEPINE
4) CEDRE
5) CERISIER
6) CYCAS
7) CYPRES
8) ESCALLONIA
9) ESSESSANG
10) FRANGIPANIER
11) FRENE
12) MARRONNIER
13) PIN
14) POMELO
15) RAVENALE
16) SAPIN
17) SAPOTILLIER
18) SIMAROUBACEAE
19) VIRGILIER
20) YOPO

JEUX

M	A	R	R	O	N	N	I	E	R	D	X	E	L	A	N	E	V	A	R
L	Ç	Q	Y	X	E	D	K	J	Q	Ç	J	I	N	N	D	X	X	I	M
B	O	V	O	E	U	B	O	F	T	G	I	W	Ç	H	X	T	G	N	V
G	N	X	T	E	B	R	E	I	L	L	I	T	O	P	A	S	N	O	Q
Z	T	R	Ç	E	N	D	U	A	W	X	K	O	U	U	I	V	X	L	N
R	U	D	P	O	C	E	R	I	S	I	E	R	J	G	R	G	H	L	I
Y	N	P	D	S	T	J	R	K	I	J	N	U	X	R	P	O	I	A	I
Y	N	J	I	W	F	Q	F	F	E	O	Q	F	Z	V	B	W	L	C	Q
M	W	V	P	T	C	S	A	F	C	Z	D	L	P	C	V	J	K	S	R
U	H	Z	U	N	A	U	B	E	P	I	N	E	U	E	V	E	L	E	J
I	O	E	E	A	E	C	A	B	U	O	R	A	M	I	S	A	I	I	O
N	B	W	R	U	R	V	P	N	A	A	R	W	R	S	L	N	M	J	I
O	K	N	X	D	L	G	E	G	D	E	Y	G	E	K	A	S	K	S	D
R	I	W	M	L	E	N	A	D	U	V	I	S	X	P	Z	O	R	G	P
T	V	D	Q	U	I	C	C	N	Y	L	S	D	I	M	L	H	N	V	W
S	Y	H	E	P	E	V	Y	Ç	I	A	A	G	J	E	X	S	H	G	X
A	W	Z	O	L	D	A	P	E	N	E	N	N	M	X	A	E	K	H	Ç
P	R	R	P	F	I	K	R	G	E	A	R	O	Q	C	C	G	F	V	E
I	G	H	O	R	F	Ç	E	D	R	L	P	A	Y	P	J	S	E	C	G
N	O	G	Y	E	U	A	S	F	R	B	Q	C	F	K	P	A	C	R	Ç

Solution page 611

Le saviez-vous ?

Le bon œuf se reconnaît à vue d'œil !

Le code d'élevage des poules est obligatoire pour chaque œuf ! Il se compose d'un chiffre allant de 0 à 3 qui est placé devant les lettres du pays d'origine (FR pour la France). Apprenez à le déchiffrer :

Code 0 PLEIN AIR BIO
6 poules/m^2 en intérieur
1 poule/4m^2 en extérieur
Nourriture à 95 % biologique
Taille du cheptel : 3 000 poules par bâtiment

Code 1 PLEIN AIR LABEL ROUGE
9 poules/m^2 en intérieur
1 poule/4m^2 en extérieur
Taille du cheptel : 6 000 poules par bâtiment

Code 1 PLEIN AIR
9 poules/m^2 en intérieur
1 poule/4m^2 en extérieur
Taille du cheptel : non limitée

Code 2 AU SOL
9 poules/m^2 en intérieur
Aucun accès à l'extérieur
Taille du cheptel : non limitée

Code 3 EN CAGE
16 poules/m^2 en intérieur
Aucun accès à l'extérieur
Taille du cheptel : non limitée

QUEL EST LE POINT COMMUN ENTRE LES BELLES-MÈRES ET LES TOMATES ?

Solution : Faut se les farcir !

Quand une femme
crie : « Oh, mon Dieu… !
Elle est énorme !!! »,
dans 99,99 % des cas,
elle parle d'une
araignée.

QUI EST L'INTRUS ?

CARL LEWIS

USAIN BOLT

TOMMIE SMITH

JOHN CARLOS

JESSE OWENS

TEDDY RINER

MAURICE GREEN

EDWIN MOSES

BRUNO MARIE-ROSE

GUY DRUT

Solution : Parmi tous ces athlètes médaillés olympiques, un seul est blanc = Guy Drut.

PEOPLERIES

Dix-huit surnoms que les Chinois donnent aux stars, basés soit sur la transcription phonétique de leur nom chinois, soit sur leur personnalité. À mourir de rire !

- **Nicki Minaj** = Poule-Épicée
- **Justin Bieber** = Queue (Les caractères chinois de son nom veulent dire « pénis »)
- **Miley Cyrus** = Langue-Pute
- **Selena Gomez** = Visage-Stupide
- **Jennifer Lopez** = Dame-Fessier
- **Avril Lavigne** = Levure
- **One Direction** = Petit-Groupe-Brisé
- **Taylor Swift** = Moisi-Moisi
- **Kristen Stewart** = Femme-à-la-Face-Paralysée
- **Jennifer Lawrence** = Grande-Cousine
- **Katy Perry** = Sœur-Fruit
- **Tom Hardy** = Toujours-Mouillé
- **Bruno Mars** = Frère-Mars
- **Britney Spears** = Petite-Douceur
- **Leonardo DiCaprio** = Petite-Prune
- **David Beckman** = Petit-Coquillage
- **Mariah Carey** = Sœur-Fantastique
- **Kim Kardashian** = Tante-Or

CARRÉ MAGIQUE

FACILE

Obtenez la somme de **15** sur toutes les lignes horizontales et verticales !

		2
	5	
8	3	

Solution page 618

APRÈS UNE GÉOLOCALISATION PRÉCISE, NOUS POUVONS AFFIRMER QUE JÉSUS FUT CRUCIFIÉ EXACTEMENT ICI SUR LA CROIX !

Impatience, quand tu nous tiens. . .

45 % des couples qui regardent des séries ensemble pratiquent le cheating (la triche) : action consistant à regarder en cachette l’épisode suivant (ou plusieurs) sans attendre l’autre, avec lequel on s’était engagé à le faire...

Avant de finir
un sachet de gruyère,
demandez TOUJOURS
si quelqu'un d'autre
en veut.

C'est un principe fond
d'emmental !

PENDU

Pour ceux qui ne vont pas seuls aux toilettes…
Trouvez le mot correspondant avant que le bourreau ne vous pende…
À chaque erreur un trait se dessine.

I _ _ _ _ _ _ _ _ _ _ _ T

Solution : IMMÉDIATEMENT

Le sot-l'y-laisse

Sur une volaille, c'est LE morceau de viande à goûter au moins une fois dans sa vie ! Un des meilleurs morceaux, mais pas si évident que ça à trouver : c'est le croupion et 2 morceaux situés de part et d'autre de l'échine de la volaille. L'expression « le sot-l'y-laisse » vient du fait que seuls les sots passent à côté de cette partie de l'animal...

LABYRINTHE

FACILE

J’ai un cul
en béton ! OK, OK…
Je n’ai pas précisé que
le béton n’était pas
encore sec…

Chaque seconde,
plus de **9 kilogrammes**
de Nutella sont
avalés dans le
monde !

QUIZ

Quelle musique accompagne la scène culte de l'attaque des hélicoptères dans le film *Apocalypse Now* ?

a. *Le Requiem* de Mozart
b. *La symphonie n° 25 en sol mineur* de Mozart
c. *Seeing Red* de Danny Elfman
d. *La Chevauchée des Walkyries* de Wagner

Solution : d. *La Chevauchée des Walkyries* de Wagner.

POURQUOI APPUIE-T-ON PLUS FORT SUR LES TOUCHES DE LA TÉLÉCOMMANDE LORSQUE LES PILES SONT QUASI À PLAT ?

JEUX

MOTS CROISÉS

Horizontalement

1 - À la solennité ridicule.
2 - Posé sur la Lune - Pronom personnel.
3 - Lettre grecque de référence - Sans le savoir.
4 - Pronom relatif ou interrogatif.
5 - Détresse en morse - Variété de raisin rouge.
6 - Ferme-la abrégé.
7 - Ragoûts de viande cuits à la casserole.
8 - Drogue hallucinogène - Achèves.
9 - Comédiens.
10 - Pronom personnel - Espaces verts.

Verticalement

I - Grands-pères - Liquide à grand débit.
II - Mammifère plantigrade.
III - La mienne - Modèle mythique de Citroën - Prénom féminin.
IV - Rabattu - Langue - Avant le cours moyen.
V - États-Unis - Sado-masochisme - Entérina.
VI - Sans comparaison - Infinitif.
VII - Mesure liée à un angle - Matière imitant le marbre.
VIII - Parties d'un domaine.
IX - Déchargées d'un poids.
X - Saint - Soldat allemand - Première lettre de l'alphabet.

JEUX

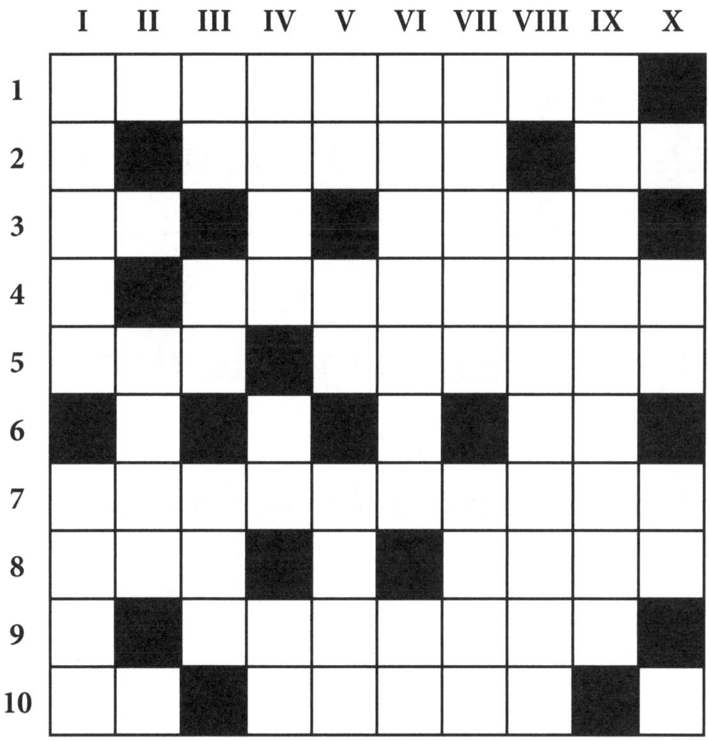

Solution page 608

Deux vieux de 70 ans, bien geeks pour leur âge, discutent :

– Alors, tu lui as envoyé, comme tu avais dit, une photo de toi en érection, hier soir ?

– Impossible ! Mon iPhone met trois secondes à se déclencher !

Pourquoi le trajet du marathon est-il, bizarrement, de 42,195 kilomètres ?

Tout commence en l'**an 490** avant Jésus-Christ. **Une grande bataille** se déroule près de la ville de Marathon entre Athéniens et Perses. Les Athéniens gagnent la bataille, ce qui met fin à l'invasion des Perses. Pour annoncer cette bonne nouvelle, le soldat grec Philippidès part sur le champ pour Athènes, qu'il atteindra au bout de **40 kilomètres.** Il meurt d'épuisement à l'arrivée, après avoir délivré son message.

En 1896, la première édition des J.O. modernes, créés par Pierre de Coubertin, est organisée à Athènes. En hommage à Philippidès, une course a lieu entre Marathon et Athènes. Devant son succès, plusieurs villes organisent leur propre marathon mais la distance varie entre **40** et **42 kilomètres.** **En 1908,** les Jeux olympiques sont organisés à Londres. La course part de la terrasse du château de Windsor pour arriver au stade de White City. La distance est exactement de **26,385 miles,** soit **42,195 kilomètres.** Cela deviendra la longueur officielle de tous les marathons du monde.

Votre père
a l'air mutin.

**VOTRE MÈRE
A L'AIR PUTAIN.**

Mettre une grosse baffe à un médium et lui dire :

« Alors ? Tu ne l'avais pas vu venir, celle-là ? »

TOP 7 du corps humain

1. Les yeux : si la Terre était plate, nos yeux pourraient repérer la flamme d'une bougie dans la nuit à une distance de 50 kilomètres.

2. Les muscles : nos muscles sont bien plus puissants que ce que vous pensiez ! En fait, notre force est limitée pour ne pas abîmer nos tendons et nos muscles. Mais, dans certains cas, lors d'une poussée d'adrénaline par exemple, cette « protection » disparaît, nous permettant alors de soulever des charges incroyables, comme des voitures !

3. Les atomes : les atomes composant le corps humain sont vieux, très vieux. De l'époque du Big Bang, survenu il y a environ 13,7 milliards d'années. De plus, on en a 7 000 000 000 000 000 000 000 000 000.

4. Le sang : chaque jour, notre sang parcourt près de 20 000 kilomètres. Pour vous faire une idée, la France fait 1 000 kilomètres du nord au sud.

5. Le cerveau : notre cerveau a une structure similaire à celle de l'Univers, comme s'il l'avait copié pour se modeler.

6. La salive : elle contient de l'opiorphine, protéine 3 fois plus efficace que la morphine…

7. Les ovaires : à la puberté, ils contiennent 500 000 ovules environ. Cependant, seulement 500 d'entre eux pourront se transformer en fœtus.

Incroyable mais vrai !

- Les femmes voient plus de couleurs : la plupart des êtres humains possèdent 3 types de récepteurs de couleurs, mais certaines femmes en ont 4 ou 5, ce qui leur permet de voir une gamme de couleurs bien plus large.
- Il est impossible de se chatouiller soi-même.
- Chaque minute, le corps humain élimine environ 19 cancers potentiels.
- Une respiration par minute ? Oui, c'est possible si l'on arrive à éliminer le dioxyde de carbone présent dans l'air à cause duquel on est obligé de respirer autant.
- Si on pouvait prélever le fer d'un corps humain, on pourrait fabriquer un clou.

La mort en citations

« Le fait qu'il soit mort
ne prouve pas qu'il ait vécu. »
Stanislaw Jerzy Lec

« La différence entre une auto
et une moto, c'est que sur une moto,
il y a deux places du mort. »
Patrick Timsit

« C'est si ennuyeux, le deuil ! À chaque moment,
il faut se rappeler qu'on est triste. »
Jules Renard

« Ici gît Suit
Ici gît Reste »
Roland Bacri

Septième jour sans fumer… Pour l'instant, tout va bien.

De toute manière, ce piéton serait bien mort un jour ou l'autre !

Humour

Martin, 9 ans, revient de l'école avec son bulletin : des zéros partout !

Sa mère est furieuse :

– Martin, quelle excuse vas-tu encore me donner ?!

– Eh bien, j'hésite entre l'hérédité et l'environnement familial…

SUDOKU

				8	6	5	4	7
							9	3
					5			
5					8	3		4
3	8		6	9	2		7	5
6		7	5					2
			8					
4	9							
8	5	6	7	2				

Solution page 605

D'APRÈS LES SONDAGES, AU MOINS 103 % DES GENS EXAGÈRENT !

Donne-moi l'alcool, que je t'en brûle dans la cuillère.

DONNE-MOI L'ALCOOL, QUE JE T'ENCULE DANS LA BRUYÈRE.

Charade

Mon **premier** en vaut **365**.

Mon **deuxième** marche à **VOILE** et à **VAPEUR**.

Mon **troisième** se **DIRIGE** vers.

Mon **quatrième** est un **OUTIL** de pompier.

Mon **tout** offre **DEUX INTERPRÉTATIONS**.

Solution : An-Bi-Va-Lance : AMBIVALENCE

Julien et Régis se rencontrent dans leur quartier :

– Alors Régis ? Quoi de neuf ?

– Ma femme me trompe…

– OK, mais… quoi de neuf ?

POURQUOI EST-IL IMPOSSIBLE DE MANGER UN CANARD À L'ORANGE ?

Solution : Parce que le feu passe trop vite au vert !

PEOPLERIES

Le chanteur de **Nirvana,** Kurt Cobain, se suicide en 1994 à Seattle. Il a laissé une lettre d'adieu à son ami d'enfance imaginaire « Boddah ».

En voici quelques extraits :

« Je n'ai plus ressenti d'excitation à écouter de la musique ni même à en créer depuis maintenant trop d'années. Je me sens coupable de tout cela bien au-delà des mots. »

« Lorsque nous sommes en coulisses, que les lumières s'éteignent et que les hurlements frénétiques de la foule commencent à se faire entendre, cela ne me touche pas autant que cela pouvait toucher Freddie Mercury, qui semblait adorer et se délecter de l'amour et de l'adoration que cette foule lui témoignait, ce que j'admire et envie totalement. »

« Le pire crime auquel je puisse penser serait de duper les gens en prétendant que je m'amuse encore à 100 %. »

« J'ai de la veine, beaucoup de veine mais, dès l'âge de sept ans, j'ai commencé à haïr l'être humain en général. »

« Je n'ai plus de passion, alors, rappelez-vous : il vaut mieux brûler franchement que s'éteindre à petit feu. »

Robert et Maurice entrent dans la chambre mortuaire d'un ancien ami afin de lui rendre un dernier hommage :

– Regarde, Maurice… Il a vraiment une belle tête. Quelle sérénité, sur ce visage.

– C'est normal. Il venait de passer un mois sur les îles !

Quel est le plus grand stade athlétique du monde encore utilisé ?

C'est le stade du Premier-Mai, inauguré en 1989 à Pyongyang (Corée du Nord). Il accueille normalement 150 000 visiteurs, mais en pic de fréquentation, peut abriter 190 000 personnes, ce qui a été le cas en 1995, lors d'une compétition de catch !

JEUX

MOTS MÊLÉS

Adjectifs

Saurez-vous retrouver chacun des mots cachés dans ce tableau ?

Les mots peuvent être écrits horizontalement, verticalement, en diagonale ou à l'envers.

Mots à trouver :

1) ACCUEILLANT
2) BEUGLANT
3) CRASSEUX
4) DYNAMIQUE
5) FRUSTRE
6) HARMONIEUX
7) HONTEUX
8) HYSTERIQUE
9) INQUIET
10) JOYEUX
11) MAGNIFIQUE
12) MALICIEUX
13) MERVEILLEUX
14) NERVEUX
15) PRETENTIEUX
16) RAVISSANT
17) SEDUISANT
18) SILENCIEUX
19) SOURIANT
20) SUCCULENT

JEUX

T	X	Z	H	H	S	X	Y	Z	V	X	P	C	L	Ç	Ç	F	C	M	R
A	N	I	L	U	R	L	U	U	Q	U	R	R	W	Q	T	J	H	H	U
M	P	A	E	X	J	I	J	E	R	E	E	Y	I	E	J	X	X	Q	H
R	A	H	I	O	U	C	Q	U	I	I	T	L	F	H	F	T	G	H	K
J	K	G	A	R	M	E	P	V	J	C	E	Y	B	E	Y	W	U	T	Ç
N	G	I	N	R	U	L	Y	Z	Y	I	N	Q	U	I	E	T	D	N	L
S	M	I	A	I	M	O	H	O	Y	L	T	E	L	G	Ç	V	N	A	A
Z	T	A	M	D	F	O	S	Y	J	A	I	B	L	G	J	J	M	S	N
N	N	S	L	E	C	I	N	A	T	M	E	H	E	I	N	Y	D	S	W
E	S	U	X	L	R	Z	Q	I	Y	R	U	N	R	U	S	Ç	O	I	E
R	E	C	F	I	T	V	R	U	E	X	X	N	A	A	G	I	D	V	L
V	D	C	M	E	W	Z	E	D	E	U	S	Z	O	L	M	L	A	A	Q
E	U	U	G	M	X	E	V	I	X	J	X	O	T	D	H	D	A	R	D
U	I	L	A	C	C	U	E	I	L	L	A	N	T	O	Ç	E	E	N	J
X	S	E	L	A	O	P	B	J	G	L	S	V	N	U	X	J	E	Q	T
E	A	N	F	V	K	E	U	Q	I	R	E	T	S	Y	H	G	R	D	T
Ç	N	T	A	K	X	A	F	R	O	J	E	U	X	T	K	P	Z	Q	Q
Y	T	R	F	Ç	O	V	C	D	Ç	U	K	K	X	T	I	C	V	H	Q
D	B	C	R	A	S	S	E	U	X	N	D	Y	N	A	M	I	Q	U	E
V	F	R	U	S	T	R	E	K	T	D	R	P	I	K	X	M	B	T	B

Solution page 612

Quel bonheur
pour la princesse
que la dotation
du roi.

**QUEL BONHEUR
POUR LA PRINCESSE
QUE LA ROTATION
DU DOIGT.**

QUI EST L'INTRUS ?

POMME DE TERRE

TOMATE

THYM

AUBERGINE

COURGETTE

POIVRON

OIGNON

AIL

LAURIER

POIVRE

Solution : Tous ces ingrédients, à l'exception de la pomme de terre, sont utilisés pour faire de la ratatouille.

Germaine se rend au commissariat pour signaler la disparition de son mari, Robert :

– Il a disparu depuis 3 jours !

– Quel est son signalement ?

– Il a une jambe de bois, il est très gros, il n'a plus de dents, il est borgne...

– Ah... Vous souhaitez vraiment qu'on le retrouve ?

CARRÉ MAGIQUE

MOYEN

Obtenez la somme de **75** sur toutes les lignes horizontales et verticales !

16			4	10
	9		21	27
20	26	7		14
12	13	19		
24		11	17	

Solution page 618

Des Chiffres, Des Chiffres

53 000 000 de mètres carrés sont occupés par des bureaux en Île-de-France, soit le plus important chiffre d'Europe, selon une étude de l'Institut d'aménagement et d'urbanisme réalisée en **2015.** Avec **6 500 000** mètres carrés, c'est l'hypercentre de Paris qui compte le plus d'espaces de travail, suivi de la Défense et du quartier Balard-Val-de-Seine.

Dans le port d'Amsterdam, des marins anglais et français trinquent ensemble et se charrient comme d'habitude.

Les Anglais :

– Nous autres, Anglais, nous sommes le peuple le plus intelligent du monde. Donnez-nous quelques tôles et on vous fabrique un cuirassé !

Ce à quoi les Français répondent :

– Eh bien, amenez-nous vos frangines, et nous, on vous fabrique l'équipage !

20 trucs à ne jamais chauffer au micro-ondes

Certains produits alimentaires ou non alimentaires absorbent les ondes électromagnétiques du micro-ondes. Cela peut produire de la chaleur et provoquer une réaction chimique. Voici une liste de 20 aliments ou produits à ne JAMAIS chauffer au micro-ondes (même si c'est rapide et pratique) :

Les produits alimentaires

1. Les piments et les moutardes
En chauffant, la substance chimique appelée capsaïcine, qui est présente dans les piments, devient volatile. En ouvrant le four, vous risqueriez de vous brûler les mains, les yeux ou la gorge. De plus, les piments peuvent prendre feu.

2. Les fruits entiers non pelés
Les raisins, par exemple, peuvent provoquer des étincelles et s'enflammer.

3. Les œufs frais
Un œuf mis au micro-ondes explose. Tout simplement car les protéines de l'œuf augmentent de volume, tandis que la coquille, non.

Trucs et Astuces

4. L'eau

Chauffer de l'eau peut se révéler très dangereux car, des fois, elle n'est pas bouillie mais juste surchauffée.

5. Les légumes, les noix

Pas tout à fait ! Vous pouvez les chauffer mais il faudra préalablement les percer de quelques trous, sinon ils risquent d'exploser.

6. Les fromages dits « bleus »

En fondant, ils se transforment en matière visqueuse bleue dépourvue de texture et prennent une odeur de moisi.

7. Les graines de maïs

Elles exploseraient.

8. La sauce rouge

Vous en auriez partout dans le four.

9. Les coquillages

Huîtres, palourdes et autres mollusques à coquille explosent dans le micro-ondes à cause de l'air enfermé dans leurs coquilles. Par contre, pas de souci pour les crustacés à carapaces comme les crabes et les homards.

10. Les guimauves

Si vous les chauffez pour une courte période de temps, ça va aller. Mais pas très longtemps car elles prendraient feu. Et, attention, à la sortie du micro-ondes, surtout, ne les mangez pas, c'est brûlant à l'intérieur !

11. Le thon en conserve

La boîte en métal éclaterait.

Trucs et Astuces

Les produits non alimentaires

12. Les éponges, les habits

Qui brûleraient instantanément. Sauf l'éponge, si elle est bien humide : le micro-ondes tuera 99 % des pathogènes vivants (dont les bactéries).

13. Les crayons de cire

14. Les feuilles d'aluminium et ustensiles métalliques

15. Les sacs en papier

16. Les ampoules

17. Les CD et DVD

18. Les batteries et les téléphones

19. La porcelaine fine (elle contient aussi du métal)

20. Certains plastiques

Tous ces objets fondraient, prendraient feu voire exploseraient. Reportez-vous toujours aux étiquettes des objets, notamment en plastique ; tous ne vont pas au micro-ondes.

Si j'avais été Ève, je n'aurais jamais craqué pour une pomme.

Une raclette, oui ! Mais une pomme...

LABYRINTHE

MOYEN

QUIZ

Dans *The Blues in Clermont-Ferrand,* Coluche dit :

a. « Et si tu touches à ma sœur, je t'envoie au cimetière. »
b. « J'ai rêvé d'être le meilleur, mais je suis à la traîne derrière. »
c. « J'ai dit : “Les gars, je suis Moïse…” Maintenant, je suis dans la mouise. »
d. « Josyane, c'est une beatnik, deux qui la tiennent, trois qui la… »

Solution : b. « J'ai rêvé d'être le meilleur, mais je suis à la traîne derrière. »

POURQUOI LES ÉTABLISSEMENTS OUVERTS 24 HEURES SUR 24 ONT-ILS DES SERRURES ?

Humour

Donald Trump reçoit un coup de fil de son avocat :

– Donald, j'ai une bonne et une mauvaise nouvelle pour vous. Je commence par laquelle ?

– Hey… Donnez-moi la bonne !

– Votre femme détient une photo qui vaut au moins un million de dollars !

– Waouhhhh ! Elle a le sens du business, comme son mari ! Je vais l'appeler tout de suite pour la féliciter !

– Ne vous emballez pas. Il y a la mauvaise nouvelle aussi.

– Ah oui ! J'avais oublié… Je suis tellement heureux et fier de Melania ! Dites-moi…

– Eh bien, il s'agit d'une photo de vous… Dans une partouze !

JEUX

MOTS CROISÉS

Horizontalement

1 - Antimoine - Individus mal intentionnés sur le Web.
2 - Réunions d'animaux.
3 - Vive colère.
4 - Projection - Nom familier de la misère.
5 - Douleurs insupportables - Peter.
6 - Article féminin - Laissent un goût âcre dans la bouche.
7 - Prénom féminin - Article masculin.
8 - Lieu de production industriel - Nouvelle-Calédonie.
9 - Convient - Prénom de peintre autrichien.
10 - Ancien - Action offensive.

Verticalement

I - Saint - Vilaine envieuse.
II - Exposa dans les détails - Nombre de cordes d'une guitare.
III - Office de radio diffusion française - Dément.
IV - Sent affreusement - Pays africain tristement génocidaire.
V - Adresse Internet - Pronom personnel - cube à jouer.
VI - Mis au calme - Conjonction de coordination.
VII - Alcooliques anonymes - Bande dessinée japonaise.
VIII - Fleur courante aux Pays-Bas - Le roi de la basse-cour.
IX - Avant - Société anonyme - Dépourvu d'habits.
X - Idée dans la tête.

JEUX

	I	II	III	IV	V	VI	VII	VIII	IX	X
1			■							
2										■
3	■				■		■		■	
4				■						
5							■			
6			■		■					
7		■						■		
8						■			■	
9					■					■
10			■							

Solution page 608

Humour

Bernard chasse dans la savane africaine et se fait capturer par une tribu.

Il est ligoté et ramené dans le village, où on l'attache à un poteau.

Un membre de la tribu prépare un grand feu sur lequel il place une grande marmite d'eau.

Puis, il s'approche de Bernard pour lui demander :

– Toi dire ton nom à moi !

– Pourquoi je te donnerais mon nom ?!

– Moi vouloir nom de toi pour écrire sur menu !

Les 10 pays où l'on se suicide le plus dans le monde

Sri Lanka
Guyana
Mongolie
Kazakhstan
Côte d'Ivoire
Suriname
Guinée équatoriale
Lituanie
Angola
Corée du Sud

Les 10 pays où l'on se suicide le moins au monde

Antigua-et-Barbuda
Barbade
Grenade
Jamaïque
Brunei
Bahamas
Pakistan
Saint-Vincent-et-les-Grenadines
São Tomé-et-Príncipe
Guatemala

Humour

Un dentiste annonce à son patient :

– Je vais devoir vous extraire cette dent.

– Vous pouvez me faire un devis ?

– Je peux vous le dire tout de suite. Ça va coûter 90 euros.

– Quoi ?! 90 euros pour deux minutes de travail ?

– Si vous le souhaitez, je peux le faire très lentement…

Pourquoi les trèfles à quatre feuilles sont-ils si rarissimes ?

Parce que c'est une erreur génétique qui pousse *Trifolium repens* (le trèfle blanc) à développer des feuilles à quatre limbes au lieu de trois. Ces limbes sont en réalité une seule feuille qui est composée en plusieurs parties. Chacune d'elles est appelée « foliole ». Lors de la période de la pousse du trèfle, certaines conditions, comme le froid ou le chaud, la sécheresse, la présence d'herbicide, etc., peuvent perturber la croissance de la feuille et provoquer l'apparition d'une quatrième feuille. La rareté de cette quatrième feuille s'élève à 1 sur 10 000 environ.

Le membre du jury est assez matheux.

LE MEMBRE DU MARI EST ASSEZ JUTEUX.

HALALA ! CES ROUTES DE MONTAGNE... PAS MOYEN DE DÉPASSER !

Vu ma
gueule ce matin,
j'ai apparemment
dormi dans les bras
de Morflée !

La mort en citations

« La peur de mourir a gâché ma vie ! »
Georges Wolinski

« Quand on est mort,
c'est tous les jours dimanche. »
Jean Dolent

« Qu'est-ce que vous aimeriez
laisser derrière vous ?
– Des dettes. »
Jean Yanne

« La plus belle pierre tombale
ne couvre qu'un cadavre. »
Charles Aznavour

Mon ex m'a souhaité une vie de merde, ce qui est complètement idiot vu que je n'ai aucune intention de retourner vivre avec lui !

SUDOKU

1	6		2					
	8		9		7			6
		5		6		9		
6			1	7				
7								9
				4	9			7
		6		8		3		
9			4		3		2	
					2		5	1

Solution page 605

Charade

Mon **premier** se mange en **CÉRÉALES**.

Mon **second** est une **GROSSE** cuite.

Mon **troisième** est un **PROBLÈME**.

Mon **tout** a aidé certains à se **FOUTRE EN L'AIR**.

Solution : Barre-Biture-Hic : BARBITURIQUES

Il y a 3 sortes
de personnes :
celles qui savent
compter et celles qui
ne savent pas.

La Terre ?

Elle pèse près
de 6 000 000 000 000
000 000 000 000 000
de kilos !

Un coup
de foudre sur
l'étang.

UN COUP DE FOUTRE SUR LES DENTS.

Mais qui sommes-nous pour juger les opinions de merde des autres ?

COMMENT APPELLE-T-ON LE CUL DU GRAND SCHTROUMPF ?

Solution : Le Blue Ray.

JEUX

MOTS MÊLÉS

Présidents Français

Saurez-vous retrouver chacun des mots cachés dans ce tableau ?

Les mots peuvent être écrits horizontalement, verticalement, en diagonale ou à l'envers.

Mots à trouver :

1) AURIOL
2) CARNOT
3) CHIRAC
4) COTY
5) DESCHANEL
6) DOUMER
7) DOUMERGUE
8) FALLIERES
9) GREVY
10) LEBRUN
11) LOUBET
12) MACRON
13) MILLERAND
14) MITTERRAND
15) POHER
16) POINCARE
17) POMPIDOU
18) SARKOZY
19) THIERS

JEUX

J	P	K	K	E	S	P	H	C	A	R	I	H	C	A	L	H	U	M	L
Y	X	F	B	N	G	R	R	Ç	S	Ç	D	O	U	M	E	R	G	U	E
W	F	Z	P	B	H	Z	N	S	R	T	Ç	Y	Y	B	Z	V	Y	D	V
P	L	G	R	L	Q	N	V	E	E	F	X	G	I	E	K	G	D	N	D
G	G	Q	S	K	U	G	H	E	P	Y	T	P	C	P	W	Z	X	A	U
G	I	S	E	L	F	O	H	T	N	D	U	U	Z	G	O	X	P	R	N
N	C	K	R	O	P	B	G	U	H	S	V	L	C	W	O	P	L	E	U
P	W	D	E	I	B	N	Q	U	N	A	U	E	I	E	Y	C	T	L	P
V	N	R	I	R	W	O	C	Ç	W	G	C	N	L	U	V	V	O	L	J
Ç	E	K	L	U	L	R	P	H	H	F	X	A	O	L	E	V	N	I	I
L	E	R	L	A	T	C	T	O	M	A	M	H	F	E	R	N	R	M	G
T	E	U	A	W	F	A	W	I	M	R	W	C	R	S	G	K	A	D	J
H	T	B	F	C	R	M	T	O	X	P	E	S	S	P	Q	R	C	O	U
I	E	H	R	K	N	T	E	U	Y	A	I	E	P	A	J	M	H	U	P
E	B	O	N	U	E	I	T	P	W	C	W	D	V	E	R	E	P	M	V
R	U	S	Y	R	N	H	O	V	O	U	M	F	O	A	C	K	S	E	J
S	O	M	R	N	P	O	H	P	F	R	Q	W	G	U	O	V	O	R	I
C	L	A	K	K	H	M	V	Q	E	R	H	W	H	V	T	O	U	Z	T
Y	N	N	Y	R	R	L	T	C	C	Ç	B	Q	R	T	Y	R	F	P	Y
D	G	L	E	F	K	Ç	I	E	V	G	Y	K	C	W	C	Z	G	Z	V

Solution page 612

- De **1206** à **1271,** l'Empire mongol couvrait **33 000 000 de kilomètres carrés,** soit plus de **3 fois** l'Europe actuelle. Ce fut le plus grand empire de l'Histoire.
- En **37** aventures dessinées, Astérix et Obélix se sont rendus dans **17** pays différents.
- Le Canada possède près de **60 %** des lacs sur Terre, soit **31 190 lacs** de plus de **3 kilomètres carrés** et **561 lacs** de plus de **100 kilomètres carrés** ; **9 %** des ressources en eau douce de la planète se trouvent au Canada.

Sur les Champs Elysées :

– Oh, regarde cette robe en vitrine mon chéri !

– Elle te plait mon amour ?

– Oh OUI !!! Elle est magnifique !!!

– Si tu veux, demain on revient et tu pourras encore la regarder…

CES STARS AUX IMPLANTS CAPILLAIRES

Jude Law, M. Pokora, Christophe Willem, Rafael Nadal, Nicolas Bedos, Mickey Rourke...

Et certains n'ont pas peur de l'avouer : Jean-Michel Maire, Gérard Louvin, Julien Lepers, Marc Jacobs, Florent Pagny, Marc-Olivier Fogiel…

Ma fille vient de me demander quand est-ce qu'elle aura des seins.

Je lui ai répondu : « Compte tenu de tes gènes, quand tu auras à peu près 5 000 euros ! »

CARRÉ MAGIQUE

DIFFICILE

Obtenez la somme de **292** sur toutes les lignes horizontales et verticales !

	67	10		21	35	42	48
		7	65	44	30	23	49
63			6	31	41	36	38
66	8	13	59	34			27
18	56	61	11		24		43
15	57	20		47	25	52	
12	62		17		46	39	33
53	19	58	16	37		26	32

Solution page 618

L'équipe de foot d'Israël, elle joue avec les kippas ou l'équipe B ?

QUI EST L'INTRUS ?

ABROSAURUS

BRACHIOSAURUS

TRICERATOPS

DACENTRURUS

PLATEOSAURUS

MASSOSPONDYLUS

GOJIRASAURUS

POLACANTHUS

KRITOSAURUS

PARASAUROLOPHUS

Solution : Tous ces dinosaures étaient herbivores, à l'exception du Gojirasaurus.

PENDU

Pour ceux qui ne vont pas seuls aux toilettes…
Trouvez le mot correspondant avant que le bourreau ne vous pende…
À chaque erreur un trait se dessine.

P _ _ _ _ _ _ E

Solution : PERVERSE

Pour un four propre

Si un plat déborde lors de la cuisson, inutile de frotter comme jamais. Versez tout simplement du sel sur les coulures, attendez que cela refroidisse et enlevez le tout à l'aide d'une éponge ou de papier essuie-tout.

LABYRINTHE

DIFFICILE

Humour 

Roger pèse 140 kilos. Il se décide à aller voir son médecin :

– Docteur, je souffre vraiment de mon surpoids. Que me conseillez-vous ?

– Il y a une nouvelle méthode qui a l'air de bien marcher. Vous pourrez manger tout ce que vous voulez mais à une condition : vous devrez tout absorber par voie anale.

– Comment ça ? Mais, je n'y arriverai jamais, docteur !

– Vous dites ça parce que vous n'avez jamais essayé. Vous verrez. On s'y fait très vite. Et revenez me voir dans un mois.

Roger repart dubitatif mais il est tellement décidé à maigrir…

Un mois plus tard :

– Mais Roger, je vois que le traitement a marché ! Asseyez-vous donc, et racontez-moi…

– Comme vous le voyez docteur, j'ai perdu 20 kilos ! Je suis tellement heureux. Merci beaucoup !

– Super Roger ! Mais, dites-moi, pourquoi vous vous tortillez comme ça sur votre chaise ?

– Oups ! Excusez-moi, docteur. Je mâche un chewing-gum !

MA CHÉRIE...
JE T'AI DÉJÀ DIT,
LORSQUE TU NETTOIES
LES CHIOTTES...

Saviez-vous que les grues blanches peuvent parcourir 750 kilomètres sans battre des ailes ?

DE QUELLE COULEUR EST UN SCHTROUMPF LORSQU'ON L'ÉTRANGLE ?

QUIZ

Quel est le sportif qui a obtenu le plus de médailles aux Jeux olympiques ?

a. Michael Phelps
b. Usain Bolt
c. Nadia Comaneci
d. David Douillet

Solution : a. Michael Phelps, en natation, avec 28 médailles dont 23 d'or.

Tu crois qu'on t'a oublié, Bill ?

À quelle petite annonce avait répondu Monica Lewinski ?
« Soyez stagiaire à la Maison Blanche et goûtez à la présidence ! »

Comment les Américains appellent-ils la braguette de Bill Clinton ?
L'US OPEN.

Quel est le titre du nouveau livre de Monica Lewinski ?
Le Goût du pouvoir.

Qu'a dit Bill Clinton lorsque le scandale « Monica Lewinski » a éclaté ?
« Cette fille n'a jamais su tenir sa langue ! »

Pourquoi Bill Clinton porte toujours des caleçons en laine ?
Pour ne pas avoir froid aux pieds !

Le saviez-vous ?

Une maladie mentale à part entière

Vous savez que le selfie est le fait de se prendre en photo soi-même. Mais saviez-vous que l'addiction aux selfies est classée comme une maladie mentale à part entière ? Le terme « selfitis » désigne cette addiction. Comme l'explique le chercheur Janarthanan Balakrishnan au quotidien britannique *The Independent* : « Typiquement, les personnes qui souffrent de cette condition ont très peu confiance en eux et essayent de s'intégrer au groupe de leurs pairs. Ils peuvent manifester des symptômes similaires à d'autres comportements potentiellement addictifs. » Malheureusement, un traitement contre le « selfitis » n'existe pas encore. Mais pour commencer, pourquoi ne pas laisser de côté son téléphone ?

Dans tous les cas, une étude de l'université de Nottingham Trent au Royaume-Uni et de la Thiagarajar School of Management en Inde démontre 3 stades d'addiction :
– le stade « à risque », qui consiste à prendre au moins 3 selfies par jour sans les poster sur les réseaux sociaux ;
– le stade « sévère », qui consiste à poster au moins 3 selfies par jour sur les réseaux ;
– le stade « chronique », pour ces gens qui éprouvent un besoin incontrôlable de se prendre en photo tout au long de la journée et d'en poster au moins 6 sur les réseaux sociaux.

JEUX

MOTS CROISÉS

Horizontalement

1 - Universités.
2 - Lié au groupe culturel d'une population.
3 - Oiseau géant ne pouvant voler - Immense en taille.
4 - Agaça - Système d'exploitation informatique.
5 - Végétaux urticants.
6 - Avortement - Prénom féminin.
7 - Préparées pour diffuser de la musique.
8 - Souverain slave - Article masculin.
9 - Serrer fortement.
10 - Dixième de litre - A du bon sens.

Verticalement

I - Militantes des droits des femmes.
II - Héros du cinéma italien de genre - Façon de regarder un film étranger.
III - Se délecte du cadavre des autres.
IV - Moins que deux - Iridium - Ville russe, capitale administrative.
V - Lithium - Audi coupé deux portes.
VI - Tel quel - Habitants de Aire-sur-Lys.
VII - Les autres - Avoir au passé - Jeu à six faces.
VIII - Qui dénigre le sexe opposé - Route nationale.
IX - Smiley de « bisou » - Appelés à voix très haute.
X - Bois très léger - Préfixe.

JEUX

	I	II	III	IV	V	VI	VII	VIII	IX	X
1									■	
2									■	
3				■	■	■				
4							■			
5		■							■	
6				■	■					■
7										
8					■		■	■		
9										■
10		■			■					

Solution page 609

Humour

Sergio fait une balade à moto dans Paris. En passant sur le Pont-Neuf, il aperçoit une belle femme qui s'apprête à sauter dans la Seine. Il s'arrête à sa hauteur, descend illico de sa moto et essaye de la raisonner :

– Mademoiselle, ne sautez pas ! Je vous en prie.

– Si, je vais sauter ! Je n'en peux plus de vivre.

– Non ! Pensez aux bonnes choses de la vie… Comme l'amour, par exemple.

– Mais je n'ai personne ! pleure-t-elle.

– Alors, laissez-moi vous embrasser et peut-être que vous changerez d'avis.

La femme se laisse tenter, passe par-dessus la balustrade et va embrasser avec fougue Sergio le motard. La scène dure dix bonnes minutes. À la fin de ce baiser passionné (et baveux), Sergio n'en revient pas :

– Aucune femme ne m'avait jamais embrassé comme ça. C'était merveilleux. Je ne vous laisserai jamais sauter. D'ailleurs, pourquoi vouliez-vous en finir ?

– Parce que mes parents ne veulent plus que je m'habille en fille…

La recette du bonheur ? Ne pas dépasser 66 000 euros de salaire par an !

Incroyable mais vrai : gagner plus de 66 000 euros par an ne rendrait pas plus heureux… C'est ce qu'ont conclu l'économiste Angus Deaton et le prix Nobel d'Économie 2002, Daniel Kahneman, à la suite d'un sondage réalisé sur 450 000 Américains. Difficile de le croire, car cela reste un des principaux rêves des gens. Au-delà de ce chiffre, on ne ferait plus attention à notre équilibre émotionnel, à nos êtres chers, à nos loisirs, à nos idéaux…

Il y a du vent
dans la rue
du Quai.

IL Y A DU VENT
DANS LA RAIE
DU CUL.

Avant
de mourir, mes
dernières paroles
seront :
– J'ai caché trois
millions d'euros
sous…

LES TOPS DU WCB

Dix aliments à éviter le soir

1. La viande rouge, car elle est grasse et donc difficile à digérer.

2. Le café, car c'est un excitant. Vous risquez de ne pas trouver le sommeil facilement si vous buvez du café après 16 heures.

3. Les frites et les fritures en général, car vous risquez la crampe d'estomac ou le reflux gastrique.

4. Les bonbons et autres aliments sucrés, car ils donnent de l'énergie à court terme.

5. L'alcool, car il empêche l'endormissement en agissant sur le système nerveux.

6. Les épices, car elles donnent soif. Pour donner du goût à vos plats, préférez les herbes fraîches.

7. Les plats trop salés, pour la même raison : ils donnent soif.

8. Le pain blanc, car il entraîne un pic d'insuline dû aux sucres qu'il contient.

9. La salade verte, car elle fait ballonner le ventre.

10. Les pâtes, car elles sont trop riches et perturbent la digestion.

Une relation exceptionnelle

Le lien entre une mère et son fœtus est très fort. Au point qu'un bébé peut envoyer des cellules-souches à sa mère dans le cas où ses organes seraient endommagés, dans le but de les réparer et de l'aider à poursuivre sa grossesse.

La mort en citations

« Mourir en beauté, c'est un luxe
qu'on ne peut vraiment plus se permettre
à partir d'un certain âge. »
Roland Devaux

« "Je m'éteins", dit le pompier avant de mourir. »
Pierre Doris

« J'ai raté ma vie et, néanmoins, je suis sûr
que la mort ne me ratera pas. »
Jean Kerleroux

« Je ne mange pas d'huîtres.
Je veux que mes aliments soient morts.
Ni malades, ni blessés… Morts. »
Woody Allen

Dans une
dispute de couple,
l'un a toujours raison
et l'autre est toujours
un homme.

JEUX

SUDOKU

				8			3	9
		4	9	3			5	
					2	4		
5	8					3		
2								8
		3					6	1
		1	2					
	5			1	9	6		
4	2			5				

Solution page 606

Charade

Mon **premier** revient à **ACCEPTER**.

Mon **second** est plus que **TÊTU**.

Mon **troisième** est une **SAVEUR IRRITANTE** au goût.

Mon **tout** est une **PIÈTRE IMITATION**.

Solution : Si-Mule-Âcre : SIMULACRE

Les 2 choses qui m'énervent le matin :

Le café.

L'absence de café.

QU'EST-CE QU'UN SERBE BLESSÉ ?

Solution : Un Serbe à canne...

PEOPLERIES

DRÔLE DE PAUVRETÉ !

Vincent Van Gogh a réalisé plus de 900 tableaux durant sa vie mais n'en a vendu qu'un seul de son vivant : **La Vigne rouge,** pour seulement l'équivalent de 800 euros ! Mais ce n'est pas parce que son travail n'était pas apprécié, loin de là. Selon le directeur scientifique de l'Institut Van Gogh, c'est plutôt parce que le peintre était persuadé que son œuvre allait un jour prendre de la valeur. Lui et son frère (qui l'entretint financièrement durant toute sa vie) voulaient se composer une collection d'art incroyable qui, aujourd'hui, est estimée à quelques milliards d'euros. Autre fausse idée sur Van Gogh : il a vécu dans la misère. Pas du tout ! Il a passé sa vie dans des hôtels et a mangé midi et soir dans des restaurants. On n'appelle pas ceci « pauvreté »...

Le saviez-vous ?

L'origine du nom de quelques marques très connues :

- Milka vient de l'association des mots allemands ***Milch*** (« lait ») et ***Kakao*** (« cacao »).
- Flunch vient de la contraction de ***fast lunch*** (« déjeuner rapide »).
- Danone vient du surnom catalan de Daniel, fils du fondateur de la société. Un « e » a été rajouté à la fin.
- Fnac est l'acronyme de Fédération nationale d'achat des cadres. Son fondateur, Max Théret, voulait un nom qui « claque comme Kodak » !
- Starbucks tire son nom d'un personnage du roman ***Moby Dick,*** l'officier Starbuck. Cela évoque la tradition maritime des premiers négociants en café.
- Nutella est un mot composé de l'anglais nut (« noisette ») et du suffixe italien ***-ella.***
- Asics est l'acronyme de la citation latine : ***Anima sana in corpore sano*** (« Un esprit sain dans un corps sain »).
- Le jambon Aoste fait référence à la ville d'Aoste, en Isère, et non au Val d'Aoste, comme beaucoup le croient.
- Adobe est le nom d'un ruisseau qui coulait derrière la maison de John Warnock, l'un des deux fondateurs de l'entreprise.
- Haribo vient des deux premières lettres du prénom du créateur de cette marque de bonbons : Hans Riegel et des deux premières lettres de sa ville, Bonn.

JEUX

MOTS MÊLÉS

Mois

Saurez-vous retrouver chacun des mots cachés dans ce tableau ?

Les mots peuvent être écrits horizontalement, verticalement, en diagonale ou à l'envers.

Mots à trouver :

1) JANVIER
2) FEVRIER
3) MARS
4) AVRIL
5) MAI
6) JUIN
7) JUILLET
8) AOUT
9) SEPTEMBRE
10) OCTOBRE
11) NOVEMBRE
12) DECEMBRE

JEUX

J	Q	I	D	Q	O	B	D	A	L	N	J	G	D	X	M	P	Y	Y	T
X	Q	E	B	V	U	Q	R	P	R	S	Y	B	D	O	V	Z	Ç	M	E
U	H	I	L	A	C	T	Y	G	G	W	X	I	W	J	Q	J	P	D	X
N	L	N	Q	T	B	T	B	C	X	Z	T	K	E	M	U	U	K	J	S
N	O	O	R	I	M	B	D	E	Q	A	D	R	P	I	X	C	M	T	E
N	O	V	E	M	B	R	E	R	J	N	V	C	N	B	R	S	F	O	P
O	P	X	I	U	I	X	Y	B	R	I	W	A	G	Ç	E	P	C	N	T
F	F	E	V	R	I	E	R	O	S	G	Y	F	E	L	S	D	M	K	E
R	L	M	N	J	C	U	T	T	J	T	M	Q	E	D	X	R	T	X	M
R	E	Y	A	W	M	L	J	C	E	M	A	Z	L	E	H	A	F	M	B
P	B	E	J	K	G	C	R	O	O	S	R	Q	E	C	D	L	X	W	R
T	P	V	L	B	B	I	L	T	T	L	S	M	M	E	C	L	L	R	E
Q	R	A	S	U	B	T	Y	Q	T	O	M	Z	M	M	O	K	P	B	P
W	J	U	Ç	U	W	X	G	K	X	L	Q	I	J	B	E	C	S	Z	X
K	U	F	A	O	U	T	I	I	Q	S	G	A	U	R	F	L	I	D	M
Y	Ç	R	T	J	J	V	A	T	F	W	O	A	I	E	J	I	X	P	K
H	R	Ç	K	C	Q	M	L	R	M	R	O	H	L	Q	K	R	M	I	B
X	Q	H	Q	K	X	M	L	P	V	B	D	S	L	H	G	V	I	W	G
M	F	K	J	T	N	C	M	T	P	F	P	U	E	K	R	A	A	H	H
Z	W	A	J	I	U	N	G	J	F	Y	H	B	T	I	Z	P	N	B	Ç

Solution page 613

CARRÉ MAGIQUE

FACILE

Obtenez la somme de **38** sur toutes les lignes horizontales et verticales !

2	16		
9		6	12
		17	3
	7	10	

Solution page 619

Des Chiffres, Des Chiffres

- Le film *Bambi* de Walt Disney : **5** ans de réalisation, **250** collaborateurs, création de **4 millions** de dessins dont **450 000** retenus au final, moins de **900** mots prononcés dans le film alors que le livre en compte près de **10 000.**
- Un être humain sur **200** (**0,5 %** dans le monde) descend du conquérant Mongol Gengis Khan.
- **– 40°** est la seule température ayant la même valeur en degrés Celsius et en degrés Fahrenheit.
- L'année **2015** a duré une seconde de plus que l'année **2014.**
- Les publicités pour les iPhone ou iPad affichent toujours **9 h 41.**
- On fabrique **8 500** feuilles de papier toilette avec un arbre. Et chaque jour dans le monde, **27 000** arbres sont transformés en papier toilette.

QUI EST L'INTRUS ?

TURQUIE

BAHREÏN

POLOGNE

CANADA

INDONÉSIE

JAPON

LIBAN

TUNISIE

SUISSE

Solution : Mis à part le Liban, les drapeaux de tous ces pays sont rouge et blanc.

QUIZ

Quel est le nom du fameux *timbalero* qui fit ses premiers pas à l'époque du Palladium et fût surnommé « le Roi des timbales » ?

a. Ernesto Puentes
b. Tito Puente
c. Tito Rodriguez
d. Carlos Santana

Solution : b. Tito Puente.

Deux coccinelles font la course. Le match est serré mais au bout d'un moment, l'une d'elles ralenti, s'arrête et crie à l'autre :

– Arrête !!! J'ai un point de côté…

PENDU

Pour ceux qui ne vont pas seuls aux toilettes…
Trouvez le mot correspondant avant que le bourreau ne vous pende…
À chaque erreur un trait se dessine.

S _ _ _ _ _ E

Solution : SARDINE

Évitez l'eau chaude

Lorsque vous cuisinez, ne cherchez pas à gagner du temps en utilisant l'eau chaude du robinet. Pourquoi ? Celle-ci absorbe et transporte facilement des résidus de métaux présents dans la canalisation. Comme le plomb, par exemple... Donc, pensez à votre santé et chauffez de l'eau froide, même si cela prend un peu plus de temps !

LABYRINTHE

FACILE

Deux inconnus se rencontrent en discothèque, une nuit, et font l'amour chez le gars.

Après avoir terminé, le gars demande :

– Tu es infirmière ? Parce que tu te laves les mains avant et après avoir fait l'amour…

– Non. Pas du tout. Et toi ? Tu es anesthésiste ?

– ???

– Parce que je n'ai rien senti.

À combien est estimée la fortune de Picsou ?

On sait qu'il est riche, mais combien possède-t-il exactement ? Henri Salvador, dans sa chanson de **1971** *Oncle Picsou,* parle de **3 007 000 381** francs (soit environ **7 145 792** euros). Mais est-ce vrai ? Justement, en **2012,** le site américain *Live Science* s'est penché sur la question. Et, d'après les plans du coffre-fort de Picsou dessinés par Don Rosa, les intéressés ont réussi à calculer la dimension du bâtiment : un immeuble de **12** étages, **39** mètres de haut et **37** mètres de large. Après des calculs minutieux, voici les résultats : Picsou serait **28** fois plus riche que Jeff Bezos, le patron d'Amazon et l'homme le plus riche du monde. Avec ses **6 473** mètres cubes d'or, soit plus de deux fois la quantité totale de métal précieux extrait de la Terre depuis l'Antiquité, Picsou possède concrètement **4 000** milliards de dollars !

QUEL EST LE SYNONYME DE « SYNONYME » ?

Le saviez-vous ?

On croyait que la Grande Muraille de Chine avait une longueur de 6 700 kilomètres. Ben non ! En fait, elle fait 8 852 kilomètres ! C'est ce qu'une étude scientifique a démontré en la mesurant entre 2007 et 2009.

QUIZ

Quelle est la voiture la plus chère au monde ?

a. La Lamborghini Veneno Roadster
b. La Bugatti Chiron
c. L'Aston Martin Valkyrie
d. La Rolls-Royce Sweptail

Solution : d. La Rolls-Royce Sweptail.

Le saviez-vous ?

Quatre infos insolites sur votre horloge interne

1. Couche-tôt ou couche-tard ? Dorénavant on sait que ce n'est pas seulement une question de mode de vie, mais aussi de gènes.
2. Certains médicaments sont plus efficaces s'ils sont administrés à telle heure plutôt qu'à une autre. Par exemple, des traitements contre le cancer sont donnés à 4 heures du matin car c'est à ce moment-là qu'ils sont le moins toxiques pour l'organisme. Cette science s'appelle la chronopharmacologie.
3. Les opérations chirurgicales sont moins douloureuses si elles sont effectuées dans l'après-midi plutôt que le matin.
4. On cicatrise mieux le jour que la nuit.

Je donnerais bien ma paie pour avoir votre rubis.

JE DONNERAIS BIEN MA RAIE POUR AVOIR VOTRE PUBIS.

JEUX

MOTS CROISÉS

Horizontalement

1 - D'accord - N'est pas à l'heure.
2 - La marque à la virgule - Il ravit nos sens.
3 - Manteaux de laine portés en Amérique latine.
4 - Éclat de rire - Une Fiat.
5 - Sans danger.
6 - Demi-calebasse - Expose.
7 - Syndicat national des journalistes - Domaine du Lesotho.
8 - Distribuées avec parcimonie.
9 - Embrouille - Article masculin.
10 - Bleus.

Verticalement

I - Pronom personnel - Animal mythologique.
II - Tenue pour pratiquer des arts martiaux - En provenance d'un terroir identifié.
III - Drôle de type.
IV - Abréviation de république - Sur la ligne d'arrivée.
V - Cinglé en verlan - Starr en est un.
VI - Une raclée.
VII - Ensemble mélodique exécuté par un ou plusieurs instruments monodiques graves.
VIII - Onomatopée rageuse de BD - La sienne - École nationale supérieure.
IX - Femme de mauvaise vie.
X - Établissements - Postérieur.

JEUX

	I	II	III	IV	V	VI	VII	VIII	IX	X
1			■							
2					■		■			
3	■		■							
4				■				■		■
5										
6					■					
7		■				■		■		
8										
9						■			■	
10										

Solution page 609

Humour

Hélène, 85 ans, tombe dans la rue principale de son village. Marine Le Pen passait justement par là, suivie par une horde de journalistes.

Sentant le bon coup médiatique, Marine se précipite pour aider la vieille Hélène à se relever en lui disant :

– J'espère que vous voterez pour moi…

– Ça va pas, non ?! Je suis tombée sur le cul, pas sur la tête.

La mort en citations

« Ceux qui pensent au suicide sans se suicider ressemblent à des allumeurs morbides. »
Guy Bedos

« Je suis prêt, pour ma part, à me présenter devant le Créateur et à l'affronter. Mais Lui, est-il préparé à cette épreuve ? »
Winston Churchill

« Le cancer, au prix que ça coûte, on n'est même pas sûr de mourir guéri. »
Coluche

« Le peintre Raphaël est né et mort un Vendredi saint : un peu fayot, le mec. »
José Artur

Dis-moi ta musique préférée, je te parlerai de ton QI !

Il paraît que la musique que vous écoutez serait révélatrice de votre niveau d'intelligence… Incroyable mais vrai ! Virgil Griffith, développeur américain, s'est amusé durant quelques années à classer les gens selon leur score au test SAT (test d'admission à certaines universités américaines) et leurs goûts musicaux. Il a fait des recherches sur les réseaux sociaux, y compris sur Facebook, afin d'affiner ses calculs par rapport aux groupes écoutés, ainsi que les musiciens les plus côtés parmi les étudiants de telle ou telle université. Et voici ses déductions, à prendre ou à laisser, mais toujours avec le sourire :

Les gens les plus intelligents écouteraient :

1. Beethoven
2. Counting Crows
3. U2
4. Radiohead
5. Bob Dylan
6. The Beatles

LES TOPS DU WCB

7. Red Hot Chili Peppers
8. The Shins
9. Norah Jones
10. Led Zeppelin

Les gens les plus idiots écouteraient :

1. Lil Wayne
2. De la soca
3. Beyoncé
4. Du reggaeton
5. The Used
6. Du jazz
7. Jay-Z
8. Akon
9. Justin Timberlake
10. Aerosmith

Le saviez-vous ?

Le loto pour une noble cause

Saviez-vous que la Loterie nationale a été inventée par François Ier afin de pouvoir financer la construction de monuments ? La première loterie a ainsi eu lieu en 1539, mais s'est révélée un fiasco. Le prélèvement du roi étant excessif, personne n'a voulu jouer, et le parlement de Paris s'y est opposé fermement. Mais la mode était lancée. Dès le siècle suivant, des congrégations religieuses vont y avoir recours afin d'édifier Saint-Sulpice, Sainte-Geneviève, la Madeleine… En 1757, Louis XV l'utilise pour faire bâtir l'École militaire. La loterie devient Loterie royale en 1776, sous Louis XVI. Quant à la loterie telle qu'on la connaît aujourd'hui, elle a été instaurée en 1933 pour venir en aide aux Gueules cassées, anciens combattants et victimes de calamités agricoles.

En 2018, le produit des jeux atteint 4,5 milliards d'euros, avec ses 2,5 millions de participants, chacune dépensant en moyenne 190 euros par an pour tenter de décrocher le gros lot.

Humour

Léa et Camille, la vingtaine, discutent :

– Il est trooooop chou, mon nouveau copain !

– Ah oui ? Tant mieux. Je suis contente pour toi…

– Tu sais quoi ? Hier soir, j'avais l'impression d'être son petit meuble Ikéa.

– ???

– Je me suis fait monter, démonter et à la fin, je ne tenais plus debout !

QU'EST-CE QUE VOUS FAITES ?
J'ESSUIE TON PÈRE !

JEUX

SUDOKU

		8	1		3	2		
4				2				3
			4		8			
	8		3		6		4	
3		1				9		2
	7		2		1		5	
			6		9			
8				1				9
		5	8		7	6		

Solution page 606

Charade

Mon **premier** est une **CONJONCTION** de coordination.

Mon **second** est **PLEIN** de lipides.

Mon **troisième** est une **GRANDE STATION** de ski alpine.

Mon **quatrième** est une **GROSSE TÊTE** de cochonne.

Mon **tout** est un **PETIT BOBO**.

Solution : Et-Gras-Tignes-Hure : ÉGRATIGNURE

– Bonjour. J'aimerais ouvrir un compte joint.

– Bien sûr. Mais joint avec qui ?

– Quelqu'un qui a pas mal de fric, si possible.

PEOPLERIES

LES CÉLÉBRITÉS BIPOLAIRES !

Mais c'est quoi, le trouble bipolaire ?
Wikipédia nous dit que « le trouble bipolaire, ou trouble maniaco-dépressif, est un diagnostic psychiatrique décrivant une catégorie de troubles de l'humeur définie par la fluctuation de l'humeur, oscillant entre des périodes d'élévation de l'humeur ou d'irritabilité, des périodes de dépression et des périodes d'humeur moyenne. »

- Frédéric Chopin
- Hector Berlioz
- Robert Schumann
- Mariah Carey
- Catherine Zeta-Jones
- Jim Carrey
- Vincent van Gogh
- Claude Monet
- Paul Gauguin
- Henri Matisse
- Henri de Toulouse-Lautrec
- Michel-Ange
- Abraham Lincoln
- Theodore Roosevelt
- Richard Nixon
- Alanis Morisette
- Courtney Love
- Audrey Hepburn
- Cary Grant
- Drew Barrymore
- Marlon Brando
- Marilyn Monroe
- Tim Burton
- Francis Ford Coppola
- Jimi Hendrix
- Kurt Cobain
- Léonard Cohen
- Paul Simon

PEOPLERIES

- Peter Gabriel
- Sheryl Crow
- Robin Williams
- Sting
- Britney Spears
- Loana
- Amy Winehouse
- Ray Charles
- Ernest Hemingway
- Jean-Claude Van Damme
- Ben Stiller
- Mel Gibson
- Isaac Newton
- Howard Hughes
- Agatha Christie
- Alfred de Musset
- Charles Baudelaire
- Charles Dickens
- Edgar Allan Poe
- Émile Zola
- Georges Feydeau
- George Sand
- Guy de Maupassant
- Honoré de Balzac
- Stendhal
- Léon Tolstoï
- Virginia Woolf
- Winston Churchill
- Princesse Diana
- Napoléon
- Friedrich Nietzsche
- Boris Eltsine

Et bien d'autres…

JEUX

MOTS MÊLÉS

Métaux précieux et rares

Saurez-vous retrouver chacun des mots cachés dans ce tableau ?

Les mots peuvent être écrits horizontalement, verticalement, en diagonale ou à l'envers.

Mots à trouver :

1) ARGENT
2) ELECTRUM
3) GERMANIUM
4) INDIUM
5) IRIDIUM
6) OSMIUM
7) PALLADIUM
8) PLATINE
9) RHENIUM
10) RHODIUM
11) RUTHENIUM
12) SCANDIUM

JEUX

E	W	V	Z	C	W	H	T	M	I	L	L	F	F	Z	F	D	X	X	D
O	P	E	Ç	J	E	T	M	U	R	T	C	E	L	E	P	T	U	X	Z
T	S	H	L	U	T	O	B	G	P	D	L	X	I	S	A	L	G	H	P
G	C	M	H	R	H	O	G	C	E	O	G	U	V	Y	L	O	C	X	T
Q	P	H	I	A	K	Z	X	Y	M	O	Y	Y	M	S	L	J	Q	X	B
T	R	O	A	U	C	D	A	N	E	I	E	E	Q	Q	A	C	M	R	Z
M	V	T	N	W	M	P	M	R	Ç	C	R	M	U	I	D	O	H	R	M
E	S	J	T	R	R	Q	I	R	H	E	N	I	U	M	I	I	O	Q	R
F	C	J	T	F	B	X	D	B	N	V	L	B	D	L	U	E	E	D	O
D	A	L	P	M	Ç	E	G	N	O	Ç	J	L	X	I	M	E	C	K	G
G	N	G	E	N	I	T	A	L	P	N	I	I	A	U	U	R	I	T	N
P	D	E	A	K	N	B	V	N	T	B	F	F	I	I	S	M	Ç	A	Ç
I	I	R	M	Ç	S	D	X	F	A	H	V	N	X	G	I	E	W	R	I
P	U	M	Q	X	Y	V	Z	G	N	D	E	I	G	H	N	G	Q	G	N
V	M	A	S	Q	U	I	F	Y	B	H	X	J	M	G	D	Z	H	E	P
G	P	N	F	S	Z	Y	N	Q	T	I	F	W	Ç	S	I	O	E	N	P
C	T	I	W	B	M	G	B	U	Ç	B	K	Ç	G	F	U	J	G	T	G
F	R	U	B	U	T	N	R	J	Ç	R	S	D	H	G	M	N	H	Y	W
L	W	M	L	J	A	A	S	N	P	D	O	Q	Y	Q	Ç	I	S	N	V
E	K	I	O	A	T	U	P	B	G	R	X	U	Z	A	I	V	I	W	Q

Solution page 613

COMMENT S'APPELLE LA FILLE DE JACQUES BREL ?

Solution : Francisca !

CARRÉ MAGIQUE

MOYEN

Obtenez la somme de **129** sur toutes les lignes horizontales et verticales !

9	10	32		28	23
11			29	24	25
4		39	22		30
	35	12	13		21
	6	34	20	15	
36	37	5		19	

Solution page 619

Le saviez-vous ?

Le français, une langue plus que compliquée !

Arrivez-vous à faire cette dictée pas si facile ?

M. Lamère a épousé Mlle Lepère.

De ce mariage, est né un fils aux yeux pers*.
Monsieur est le père, madame est la mère.
Les deux font la paire.

Le père, quoique père, est resté Lamère, mais la mère, avant d'être Lamère était Lepère.
Le père est donc le père sans être Lepère, puisqu'il est Lamère, et la mère est Lamère, bien que née Lepère.

Aucun des deux n'est maire.
N'étant ni le maire ni la mère, le père ne commet donc pas d'impair en signant Lamère.
Le fils aux yeux pers de Lepère devient maire.
Il est le maire Lamère, aux yeux pers, fils de M. Lamère, son père, et de Mlle Lepère, sa mère.

La mère du maire meurt : Lamère, père du maire, la perd.
Aux obsèques, le père de la mère du maire, le grand-père Lepère, vient du bord de mer, et marche de pair avec le maire Lamère, son petit-fils.

Les amis du maire, venus pour la mère, cherchent les Lamère, ne trouvent que le maire et Lepère, père de la mère du maire, venu de la mer, et tout le monde s'y perd !

* Pers : D'une couleur où le bleu domine.

Les filles qui disent qu'elles sont tombées enceintes par accident, comment ça se passe ?

Elles dessinent une bite sur le constat ?

Des Chiffres, Des Chiffres

- Il y a, tous les **3** jours, un nouveau milliardaire en Asie.
- La plus ancienne entreprise du monde, Kongō Gumi, est japonaise et a été créée en l'an **578.** Elle a déposé le bilan en **2006,** après **14** siècles d'existence !
- Il existe **14** formes de nez différentes.
- Le rot le plus fort jamais enregistré : **109,9** décibels.
- **2** à **3** hommes sur mille sont capables de se faire une autofellation.
- Un Oscar du cinéma mesure **34** centimètres, pèse **3** kilos et coûte **850** dollars. La couche d'or recouvrant la statuette est de **24** carats.

QUI EST L'INTRUS ?

NOSFERATU

CARMILLA

DRACULA

ERIC NORTHMAN

JACOB BLACK

LESTAT DE LIONCOURT

BLADE

LORD RUTHVEN

LE CHEVALIER AZZO

JULIA STONE

Solution : Parmi tous ces personnages célèbres de la littérature et autres films ou séries de vampires, seul Jacob, l'ami de Bella dans *Twilight*, est un loup-garou.

PENDU

Pour ceux qui ne vont pas seuls aux toilettes…
Trouvez le mot correspondant avant que le bourreau ne vous pende…
À chaque erreur un trait se dessine.

W _ _ _ _ _ _ _ _ F

Solution : WATERPROOF

Humour

Fabien et Gilles, deux amis, partent faire une randonnée à skis.

Malheureusement, ils se font surprendre par une tempête de neige qui les oblige à frapper à la porte d'une ferme très isolée afin de demander l'asile pour la nuit. Une très vieille fermière édentée les accueille volontiers. Elle leur propose que l'un dorme sur le canapé et l'autre, sur le tapis devant la cheminée… Le lendemain, Fabien et Gilles remercient chaleureusement la vieille dame et reprennent leur route.

Quelques mois plus tard, Gilles reçoit une lettre chez lui. Aussitôt après l'avoir lue, il s'empresse de se rendre chez son pote Fabien :

– Dis-moi, Fabien… Tu te souviens de notre randonnée cet hiver ?

– Oui. Très bien.

– Et de cette vieille dame qui nous a hébergés pour la nuit ?

– Heu… Oui. Pourquoi ?

Réponds-moi franchement : lorsque tu dormais sur le tapis, devant la cheminée, tu ne serais pas allé rejoindre cette vieille fermière dans son lit pour mieux dormir ?

– Heu… Si. C'est vrai !

– Et…, de fil en aiguille…, est-ce que tu n'aurais pas eu un rapport sexuel avec elle ?

– Je… Je…

– Ne mens pas ! C'est important !

– Oui… Je… Je ne sais pas ce qui m'a pris, Gilles. Sûrement le vin chaud…

– Dis-moi toute la vérité. Après lui avoir fait l'amour, as-tu usurpé mon identité ? Lui as-tu fait croire que tu t'appelais Gilles et lui as-tu donné mon adresse ?

– Je suis désolé… C'est vrai… J'avais honte, je ne savais pas quoi faire. Mais pourquoi me dis-tu tout cela ?

– Parce que je viens de recevoir un courrier de son avocat ! Elle est morte et j'hérite de tout !

Trucs et Astuces

Le brocoli, votre arme fatale contre tant de maux

C’est LE légume à multiples facettes qui cache de nombreuses vertus non négligeables. Mieux vaut l’avoir dans votre assiette, pour de multiples bienfaits :

1. C’est le légume qui vous fait maigrir !

Ami incontournable des régimes, il est un coupe-faim par excellence, grâce à sa riche teneur en fibres insolubles qui gonflent dans l’estomac, et apporte un sentiment de satiété rapide et durable. Côté calories, il ne possède que 28,7 kilocalories pour 100 grammes. Pensez-y pour des apéros légers ou des entrées, ainsi qu’en accompagnement de vos plats.

Trucs et Astuces

2. C'est le légume qui vous protège contre le cancer !

De nombreuses études démontrent que le brocoli possède des effets protecteurs contre les cancers des poumons, des ovaires, des reins, de la prostate, de l'estomac, du côlon et du sein ! Dernière étude en date, celle du University of Pittsburgh Cancer Institute (UPCI), présentée au congrès de l'Association américaine pour la recherche contre le cancer en avril 2015, dévoile que le brocoli prévient également les cancers du cerveau et de la bouche. Les deux actifs principaux de ce chou sont la glucoraphanine et l'indole. Leur propriété ? Neutraliser les radicaux libres qui endommagent les cellules saines et éviter le développement des cellules cancéreuses. L'idée est de consommer 2 portions de 200 grammes par semaine, de préférence crues ou légèrement cuites (pas plus de 3 minutes à la poêle ou 5 minutes à la vapeur) afin de préserver les substances nutritives.

3. C'est le légume qui prévient l'arthrose !

Grâce au sulforaphane qu'il contient ! Cette substance bloque les enzymes responsables de la détérioration du cartilage et soulage les douleurs grâce à ses propriétés anti-inflammatoires.

Trucs et Astuces

4. C'est le légume qui vous donne de l'énergie !

100 grammes de brocoli apportent 110 milligrammes de vitamine C, soit 100 % des apports journaliers recommandés. Ainsi, le système immunitaire est renforcé et le fer est mieux absorbé par l'organisme. C'est donc, un véritable nutriment antifatigue pour un tonus et une bonne humeur sans précédent. Autre vitamine importante, la B9, qui participe à la formation de globules rouges pour lutter contre l'anémie. Sans oublier le magnésium, le calcium, le fer et le zinc, qui font partie du menu.

5. C'est le légume qui protège vos yeux !

Contenant de la lutéine et de la zéaxanthine, deux antioxydants, il protège des maladies oculaires. Une étude américaine parue dans *The Journal of the American College of Nutrition* a démontré qu'en consommant du brocoli régulièrement, on limitait les risques de développer une dégénérescence maculaire ainsi qu'une cataracte. Et, grâce à sa provitamine A, il préserve le capital vision.

LABYRINTHE

MOYEN

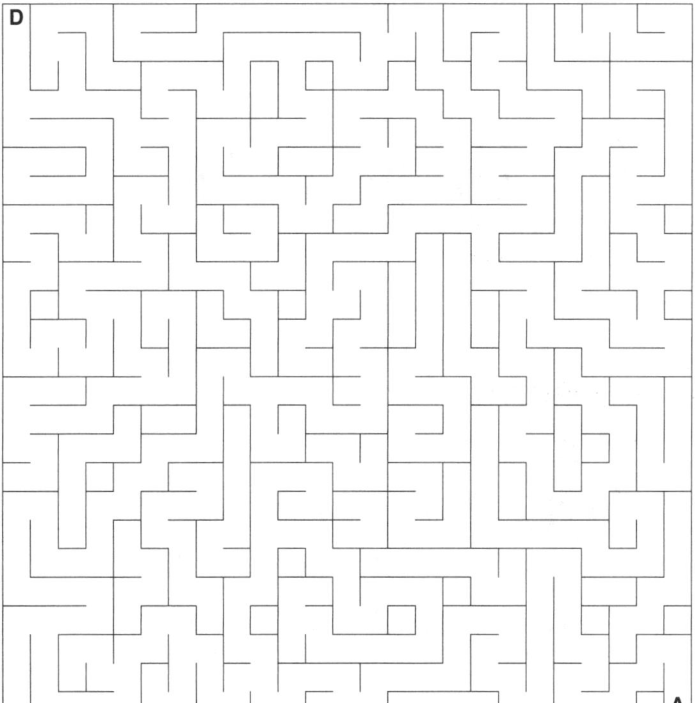

Un pétaoctet

C’est la capacité de stockage du cerveau humain. Ces **10^{15}** octets représentent l’équivalent d’un million de clés USB standard d’un gigaoctet.

POURQUOI UNE PERSONNE SEULE CHANTE-T-ELLE SOUVENT FAUX ALORS QUE LES FOULES CHANTENT TOUJOURS JUSTE ?

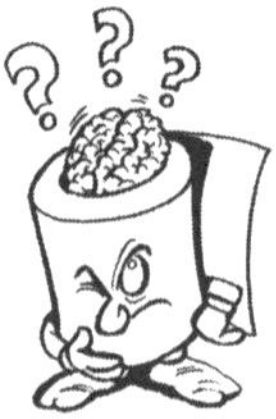

QUIZ

La quantité d'avoine donnée à un cheval d'environ 2,5 litres s'appelle :

a. Une bottine
b. Un picotin
c. Une broutille
d. L'avoisiné

Solution : b. un picotin.

Situé au centre de l'Antarctique, le pôle Sud culmine à une altitude de 2 835 mètres.

JEUX

MOTS CROISÉS

Horizontalement

1 - Deux peuvent s'y installer.
2 - Stupéfait - Médecin des voies auditives et respiratoires.
3 - Personne proche - préfixe signifiant « moyen ».
4 - Celui-là ! - Nationalisme révolutionnaire.
5 - Film de Spielberg - Qui est lié à la mort.
6 - S'amusait - Partie du squelette.
7 - Femme d'île-de-France.
8 - De façon pudique et pure.
9 - Ne guère se soucier - Attachés.
10 - Prénom masculin.

Verticalement

I - Bien heureuse - Parti communiste français.
II - Firme informatique - Tromper la confiance.
III - Salaire - Armée révolutionnaire irlandaise.
IV - Dont on a pris connaissance - Volaille.
V - Receveur universel - Ignorant pédant.
VI - Corps de métier de la maçonnerie.
VII - Saison chaude - Lança.
VIII - Message de détresse - Capitaine du Nautilus.
IX - Faire entendre un petit ronflement de plaisir.
X - Pologne - Remises à zéro.

JEUX

	I	II	III	IV	V	VI	VII	VIII	IX	X
1									■	
2							■			
3					■					■
4		■		■				■		
5			■							
6	■						■	■		
7										
8										
9			■							
10	■		■							■

Solution page 609

Fumier pue !

Jeune homme,
ces crampes
vous font-elles
bouder ?

JEUNE HOMME,
CES CROUPES
VOUS FONT-ELLES
BANDER ?

Humour

Deux commerçants, Moshe et Maurice, se rencontrent rue du Sentier :

– Maurice, j'ai appris pour l'incendie de ton magasin !

– Chuuuuutttt ! C'est demain…

Les 12 pays où prendre un taxi coûte trois fois rien (dans l'ordre croissant) :

- Le moins cher du monde : l'Égypte
- Le Togo
- La Moldavie
- La Sierra Leone
- Le Rajasthan
- Le Kirghizistan
- L'Ouzbékistan
- La Russie
- L'Ukraine
- L'Arménie
- La Géorgie
- L'Inde

Les 12 pays où prendre un taxi coûte un bras (dans l'ordre croissant) :

- Le Salvador
- La République dominicaine
- L'Islande
- Le Swaziland
- Le Japon
- Le Luxembourg
- La Réunion (France d'outre-mer)
- La Grenade
- La Suisse
- Antigua-et-Barbuda
- Le plus cher au monde : Aruba (une île au large du Venezuela)

Le saviez-vous ?

Des statistiques canadiennes démontrent que, chaque jour, 11 milliards de cigarettes sont fumées ! Pas étonnant que les chiffres liés au cancer des poumons soient aussi inquiétants !

La mort en citations

« Et mort, on n'est pas mieux dans
l'or que dans la boue. »
Claude de l'Estoile

« Ce qui peut se passer après la mort ?
Je m'en fous : je serai mort. »
Francis Blanche

« Ce qui est effrayant, dans la mort
de l'être cher, ce n'est pas sa mort,
c'est comme on en est consolé. »
Henry de Montherlant

« Mangez sur l'herbe. Dépêchez-vous.
Un jour ou l'autre, l'herbe mangera sur vous. »
Jacques Prévert

– Il y a 3 choses que j'aime, chez toi.

– Ah bon ? Et lesquelles ?

– Ton menton…

SUDOKU

	6		7	2			9	
9		3		1	6			2
				9	3	4		
		1	4	8	7	2		
		8	1	5				
2			9	4		5		8
	1			6	5		7	

Solution page 606

Charade

Mon **premier** parle.

Mon **second** a pour résultat

« **PAN !** »

Mon **troisième** est

ÉQUIVALENT à douze mois.

Mon **quatrième**

est **L'AMI** de Seguin.

Mon **tout** est souvent signe

de **LÉCHAGE** (de cul).

Solution : Dit-Tir-An-Bique : DITHYRAMBIQUE

Humour

Un bègue dit à son ami :

– T'as… T'as… T'as… T'as… T'as… T'as… vu… vu… vu… la… la… Ferr… Ferr… Ferr…

– Oui, j'ai vu la Ferrari rouge.

Un peu plus loin :

– T'as… T'as… T'as… T'as… vu… vu… vu… la… la… la… la… Ja… Ja… Ja… Ja… Ja… Ja…

– Oui, j'ai vu la Jaguar.

Encore plus loin :

– T'as… T'as… T'as… T'as… T'as… T'as… vu… vu… vu… la… la… mer… mer… mer… mer…

– Oui, j'ai vu la Mercedes !

– Ben, pou… pou… pourquoi t'as… t'as marché dedans ?

COMMENT APPELLE-T-ON UN BÉBÉ DONT LA MÈRE ACCOUCHE SUR LA BANQUISE ?

Solution : Un Esquimau… Car c'est un petit corps né glacé !

LA VACHE ET LE PRÉSIDENT

Depuis bien longtemps, de nombreux « Premiers Chiens et Chats » ont fait partie de la Maison-Blanche, aux États-Unis. Mais saviez-vous que, de 1910 à 1913, il y eut même une « Première Vache » ? C'était la vache de compagnie du président **William Howard Taft.** Elle s'appelait **Pauline Wayne.** Elle fournissait même le lait à la famille **Taft**... Utile !

JEUX

MOTS MÊLÉS

Sciences

Saurez-vous retrouver chacun des mots cachés dans ce tableau ?

Les mots peuvent être écrits horizontalement, verticalement, en diagonale ou à l'envers.

Mots à trouver :

1) ASTRONOMIE
2) BIOLOGIE
3) CHIMIE
4) GEOGRAPHIE
5) GEOLOGIE
6) GEOMETRIE
7) HISTOIRE
8) HYDROGRAPHIE
9) LOGIQUE
10) MATHEMATIQUES
11) METEOROLOGIE
12) NEUROLOGIE
13) PHILOSOPHIE
14) PHYSIQUE
15) PSYCHOLOGIE
16) SOCIOLOGIE

JEUX

I	R	M	U	M	M	Y	X	F	A	A	P	Q	P	J	P	I	D	Ç	C
H	G	E	D	O	A	D	S	N	A	R	Ç	D	T	Y	A	G	R	H	N
I	B	U	O	A	Z	R	E	C	V	V	Z	Ç	T	P	B	X	R	Z	Y
X	Ç	Q	F	U	L	U	U	N	U	E	I	M	I	H	C	V	V	F	D
T	Y	I	S	X	Q	Q	Q	U	A	E	I	G	O	L	O	R	U	E	N
D	K	S	O	Y	E	P	I	A	R	E	D	X	E	N	X	R	Z	F	U
B	V	Y	C	E	I	S	T	W	L	D	S	R	W	X	V	K	Y	L	N
B	C	H	I	R	H	Y	A	G	F	G	I	H	T	E	M	C	U	O	E
Ç	Z	P	O	I	P	C	M	H	K	E	Z	Y	H	I	P	Ç	S	G	Ç
W	F	D	L	O	A	H	E	I	O	O	R	D	D	M	P	Z	C	I	L
B	Q	V	O	T	R	O	H	Q	H	L	V	R	R	O	H	S	Y	Q	I
I	H	J	G	S	G	L	T	P	W	O	Ç	O	A	N	I	A	E	U	B
R	E	T	I	I	O	O	A	V	Q	G	F	G	B	O	L	W	H	E	R
G	D	V	E	H	E	G	M	C	W	I	Y	R	O	R	O	E	B	U	I
U	W	D	O	Ç	G	I	I	F	L	E	X	A	Y	T	S	Z	X	E	V
L	O	C	I	W	F	E	N	D	H	Q	Z	P	C	S	O	R	Ç	R	V
F	O	X	K	K	N	Ç	K	X	N	U	F	H	Y	A	P	B	S	K	R
M	E	T	E	O	R	O	L	O	G	I	E	I	Y	R	H	R	C	M	W
S	G	E	O	M	E	T	R	I	E	I	I	E	H	F	I	L	V	I	S
H	R	N	W	G	R	P	E	I	G	O	L	O	I	B	E	F	G	U	I

Solution page 614

Gérard et Louis sont tombés dans une fosse septique. Ils en ont jusqu'en dessous de la lèvre inférieure.

Gérard dit :

– Je pense qu'on va mourir !

– Mais non… Pourquoi tu dis ça ?

– J'ai envie de chier !

L'INSOMNIE EST-ELLE LA SEULE À M'AVOIR VRAIMENT CERNÉ ?

CARRÉ MAGIQUE

DIFFICILE

Obtenez la somme de **189** sur toutes les lignes horizontales et verticales !

8	16	17			41	49
18	26	34		50	9	
	43		3	11	19	27
45	4		20	28		44
13		29	37		46	5
30	31	39	47	6		22
		7	15	23	24	32

Solution page 619

Tous devant le grand écran !

Avec ses **5 843** grands écrans, la France est le pays d'Europe le mieux doté en salles de cinéma. Il y a plus de **9 écrans** pour **100 000 habitants** (soit un écran pour **11 000 habitants**). En comparaison, l'Espagne a moins de **8 écrans** pour le même nombre de personnes, l'Allemagne, le Royaume-Uni ou l'Italie, moins de **6.** De plus, **100 %** des salles sont numérisées. *What else ?*

– T’as vu le chien qui se lèche les testicules ?

– Ouiiii !!! J’ai toujours rêvé de faire ça !

– Moi aussi… Mais j’ai peur qu’il me morde !

PENDU

Pour ceux qui ne vont pas seuls aux toilettes…
Trouvez le mot correspondant avant que le bourreau ne vous pende…
À chaque erreur un trait se dessine.

A _ _ _ _ _ _ _ _ _ R

Solution : AMBULANCIER

Trucs et Astuces

Pour faire votre belle ou votre beau en été

Si vous voulez afficher un corps de rêve en été, voici le conseil que l'on vous donne : mangez plus à midi que le soir pour maigrir efficacement. On sait qu'il faut manger plus le matin que le soir. Mais à midi ? Des travaux publiés dans *The American Journal of Clinical Nutrition* ont comparé deux groupes de femmes mangeant la même chose mais de manière différente : l'un des groupes mangeait plus le midi, l'autre le soir. Toutes les femmes pratiquaient une activité sportive 5 fois par semaine. Résultat ? Après 12 semaines, la perte du poids était de 6 kilos chez celles qui dînaient léger, contre 4 kilos pour les autres.

Comme quoi, le proverbe dit vrai : **« Le petit-déjeuner, savoure-le seul, le repas du midi, partage-le avec un ami, et le repas du soir, offre-le à ton ennemi… »**

LABYRINTHE

DIFFICILE

JE VEUX TOUJOURS ÊTRE À LA POINTE... MAIS ÇA M'USE ÉNORMÉMENT !

Gérard se décide enfin à aller se faire tatouer.

Il entre chez le tatoueur :

– Bonjour. Je veux me faire tatouer « Clio » sur le sexe.

– Ah bon ? Pourquoi pas, monsieur. Mais, pourquoi Clio ?

– Parce que, comme ça, elle aura tout d'une grande !

Les Parisiens utilisent davantage d'eau le soir, entre 18 h et 20 h 30.

Eau de Paris, l'opérateur public chargé de la distribution de l'eau dans la capitale, a constaté une hausse de la consommation aux horaires des pages publicitaires lors des grands événements. Ceci s'explique notamment par la fameuse pause pipi lors de la pub. Par exemple, le **7 mai 2017,** le soir des résultats du second tour de la présidentielle, la consommation d'eau a augmenté de près de **20 %** dès **23 h,** à la fin des débats en direct sur **TF1.** Même constat lors de la finale de la Coupe du monde de football, en **1998,** retransmise sur **TF1** et **Canal+,** où les Parisiens avaient consommé **55 %** d'eau en plus pendant la mi-temps.

QUELLE COULEUR DE CHEVEUX ÉCRIT-ON SUR LES PASSEPORTS DES CHAUVES ?

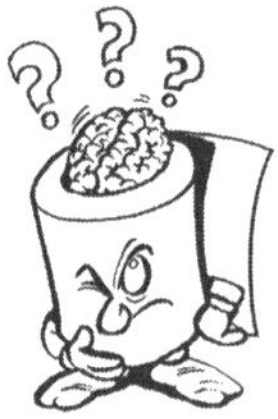

QUIZ

Parmi ces chanteurs célèbres, quel est celui qui n'a pas gagné le grand prix de l'Eurovision ?

a. Le groupe Abba
b. Rika Zaraï
c. France Gall
d. Céline Dion

Solution : b. Rika Zaraï.

QUELLE EST LA PARTICULARITÉ DE CETTE PHRASE ? :

"SAVIEZ-VOUS QUE LE WHISKY IRLANDAIS, À NE PAS CONFONDRE AVEC SON HOMOLOGUE ÉCOSSAIS, EXISTAIT DÉJÀ BIEN AVANT LA FIN DU MOYEN-ÂGE ?"

Solution : C'est un pangramme, c'est-à-dire une phrase qui comporte toutes les lettres de l'alphabet.

Allez, Docteur,
vous pouvez bien
m'accorder une
réduction sur le prix
de la consultation !
C'est tout de même
moi qui ai refilé
la grippe à tout
le quartier !

Travailler tue !

Et si c'était vrai ? Un boulot stressant, sous tension constante, réduirait l'espérance de vie de 33 ans ! Un groupe de chercheurs des universités de Harvard et Stanford ont formé ***18 groupes de volontaires*** selon leur origine ethnique, leur sexe, leur classe sociale et leur niveau d'études. Ils ont fait des statistiques selon des facteurs divers du domaine professionnel ***(horaires, travail alterné, harmonie famille-travail, mutuelle de santé, licenciements, etc.)*** Les résultats ont démontré que les personnes subissant le plus de stress étaient celles qui avaient les postes les moins bons. Autres facteurs majeurs : la non-maîtrise de sa vie professionnelle, le manque de sécurité ainsi que les heures supplémentaires, qui réduiraient considérablement l'espérance de vie.

Le touriste admire l'écusson de la Suisse.

LE TOURISTE ADMIRE LES SUÇONS DE LA CUISSE.

Je recherche une femme portugaise pour bâtir une relation sérieuse.

Les pays où l'on consomme le plus de cannabis ? Ben, c'est évident : la Colombie, les Pays-Bas, la Jamaïque ! Eh bien, raté !

Le top 10 des pays enregistrant le plus fort taux de consommation de cannabis au monde (proportionnellement à la population) est :

1. L'Islande, en tête du classement !
2. Les États-Unis
3. Le Nigéria
4. Le Canada
5. Le Chili
6. La France
7. La Nouvelle-Zélande
8. Les Bermudes
9. L'Australie
10. La Zambie

Le chiffre 41

C'est, en minutes et selon un sondage Ipsos pour *Notre Temps*, la durée moyenne passée chaque jour par les plus de 60 ans à… marcher. Soit 6 minutes de plus que l'ensemble de la population. 91 % d'entre eux trouvent dans la marche un sentiment de liberté et d'indépendance.

La mort en citations

« Un tel est mort. Pourquoi irai-je à son enterrement puisque, j'en suis certain, il n'ira pas au mien ? »
Jacques Prévert

« La misère a été inventée pour que les pauvres n'aient pas trop de chagrin au moment de mourir. »
Olivier de Kersauson

« Je vous croyais mort ! Enfin, ce sera pour une autre fois. »
Jules Renard

« S'il n'y avait pas la science, combien d'entre nous pourraient profiter de leur cancer pendant plus de cinq ans ? »
Pierre Desproges

Cédric rentre dans la pharmacie pour acheter des préservatifs.

Le pharmacien :

– Voici… Vous voulez un sac en plastique ?

– Non ça va. Elle n'est pas si moche que ça.

JEUX

SUDOKU

	1			2			6	
				5		1		
7	3				8			
3		9	2					
	6	4		7		8	9	
					9	2		6
			6				4	5
		1		9				
	2			4			7	

Solution page 606

Charade

Mon **premier** est la toute
PREMIÈRE en France.

Mon **second** est la toute
DERNIÈRE en Angleterre.

Mon **troisième** est la
DOUZIÈME en Grèce.

Mon **quatrième** permet d'envoyer
SANS PAYER.

Mon **tout** est siphonné de la
CABOCHE.

Solution : A-Zi-Mu-T : AZIMUTÉ

Humour

Gérald va rendre visite à son pote Luc à l'hôpital :

– Mon pauvre ami ! Mais que s'est-il passé ? Tu es vraiment dans un sale état ! C'est fou ! Je t'ai pourtant vu danser toute la nuit avec une nana magnifique pas plus tard qu'hier !

– Eh ouichhh… Ma femme auchi, elle m'a vu…

QUELLE EST LA DIFFÉRENCE ENTRE UN PORC ET UN RAT ?

Solution : Aucun rapport !

JEUX

MOTS MÊLÉS

Marques d'eaux minérales

Saurez-vous retrouver chacun des mots cachés dans ce tableau ?

Les mots peuvent être écrits horizontalement, verticalement, en diagonale ou à l'envers.

Mots à trouver :

1) AQUAREL
2) CAROLA
3) CELTIC
4) CHAMBON
5) CONTREX
6) COURMAYEUR
7) CRISTALINE
8) EVIAN
9) HENNIEZ
10) HEPAR
11) JOLIVAL
12) LISBETH
13) MONTARCHER
14) ROZANA
15) THONON
16) VITTEL
17) VOLVIC
18) WATTWILLER

JEUX

Z	A	C	P	Q	H	E	N	N	I	E	Z	V	U	J	F	Q	R	I	B
B	F	H	D	X	C	O	U	R	M	A	Y	E	U	R	C	X	Ç	D	N
Ç	I	A	A	H	C	L	Q	C	U	C	W	T	W	J	M	H	Z	M	Q
V	A	M	J	W	E	B	W	H	Y	M	W	K	X	O	Q	C	F	A	G
K	D	B	A	P	L	K	C	P	A	B	Z	G	R	L	M	G	Q	I	I
E	A	O	R	H	T	C	I	V	L	O	V	E	S	I	E	B	X	R	L
T	K	N	U	N	I	D	K	Y	E	Z	L	B	Y	V	Q	B	I	D	K
C	F	Q	F	R	C	H	Q	Ç	D	L	V	U	T	A	K	A	N	M	X
N	O	N	O	H	T	F	O	V	I	N	M	F	P	L	F	W	D	A	S
U	U	E	V	I	A	N	I	W	T	O	U	Z	K	I	W	W	G	Q	Y
M	A	I	I	W	O	P	T	J	Q	J	Q	L	R	S	Z	Ç	Ç	T	Y
P	A	M	C	O	N	T	R	E	X	X	H	T	E	B	S	I	L	S	P
W	F	B	I	X	A	J	X	E	E	I	H	V	H	J	C	Q	A	C	B
S	P	L	N	W	A	X	F	G	V	H	U	H	C	I	F	Ç	O	P	X
T	L	E	R	A	U	Q	A	C	K	F	I	G	R	L	R	Ç	N	G	Z
Y	N	T	E	N	I	L	A	T	S	I	R	C	A	N	X	K	C	V	K
Y	R	T	E	Q	F	R	G	C	A	M	Y	X	T	Z	G	W	H	Z	G
K	A	I	Ç	R	O	K	A	Q	O	S	Y	C	N	K	C	V	A	S	F
K	X	V	N	L	R	O	Z	A	N	A	H	F	O	E	J	N	B	A	V
T	B	R	A	P	E	H	H	D	H	A	K	S	M	L	T	M	E	P	K

Solution page 614

Vous êtes
assis

CE QUI EST ÉTONNANT CHEZ MC SOLAAR

Vous avez entendu « prolactine » ou « abscons » dans ses rimes ? Saviez-vous que **MC Solaar** est le rappeur dont les chansons contiennent le plus de mots différents – 7 691 – devant **Orelsan** ou **Sexion d'assaut.** Autre info : contrairement à **Booba, Kaaris** ou **Nekfeu,** qui célèbrent sans cesse leur nombril, **MC Solaar** ne parle jamais de lui dans ses chansons. Il emploie la première personne mais se glisse toujours dans la peau de quelqu'un d'autre ou de quelque chose : un gangster, un cadre de banque, un village de la Marne… L'explication du chanteur est qu'il tient cela de ses études de sociologie, de philosophie et d'anthropologie.

– Chéri, cette robe me fait un gros cul ?

– Bah oui, c'est pas une robe magique.

La ville la plus embouteillée du monde

Mexico est tout simplement dans les embouteillages **16 heures sur 24 !**

Chaque année, le temps passé dans les embouteillages coûte **2 milliards d'euros** à la ville ! Ce chiffre a été calculé en transformant le temps perdu en heures de travail et en les multipliant par le salaire moyen.

Chaque jour, les citoyens de la ville passent **1 heure 21 minutes** dans des embouteillages (contre **53 minutes** il y a 4 ans !) Selon les statistiques, la vitesse moyenne des véhicules a été réduite de **38 km/h** en 1990 à **17 km/h** actuellement.

CARRÉ MAGIQUE

FACILE

Obtenez la somme de **42** sur toutes les lignes horizontales et verticales !

3	16		
	9	4	
8			5
17		7	12

Solution page 619

QUI EST L'INTRUS ?

ED GEIN

PETER SUTCLIFFE

JOHN WAYNE GACY

JOHN DOE

RICHARD TRENTON CHASE

TAMARA SAMSONOVA

TED BUNDY

HAROLD SHIPMAN

HENRI DÉSIRÉ LANDRU

LUIS GARAVITO

Solution : Parmi tous ces tueurs en série célèbres, un seul n'a pas réellement existé. Il s'agit de John Doe, le tueur aux 7 péchés capitaux de *Seven*.

Combien de muscles pour... ?

Sourire

10 muscles sont impliqués pour un sourire léger, **5** de chaque côté du visage. Pour un sourire large et séducteur, il faut en employer pas moins de **17.** Pour chaque sourire, les muscles zygomatiques majeurs et mineurs (insérés sur l'os de la pommette et allant jusqu'à la commissure des lèvres) s'animent tandis que le muscle risorius, qui tire le coin des lèvres vers l'arrière, peut être utilisé pour un sourire « à la Joconde ».

Autre info : pour savoir si un sourire est sincère, regardez votre interlocuteur au niveau de ses yeux et non de sa bouche ! Les petites rides aux coins des yeux sont signe de sympathie, de joie et de sincérité.

Serrer la main

C'est tout un sport ! Une bonne poignée de main implique **20** muscles. Les **4** muscles de l'éminence thénar permettent de déplacer le pouce et l'intérieur de la main. Les **4** muscles de l'éminence hypothénar animent le petit doigt et l'extérieur de la main. Et pour bouger toute la main et la paume, ce sont **12** autres muscles qui s'activent...

Faire un pas

15 paires de muscles s'activent pour la marche. Le grand glutéal (le muscle fessier), minimise l'impact de la jambe sur le sol. Les muscles éverseurs et inverseurs du pied stabilisent le corps. Les **3** muscles ischio-jambiers tendent la jambe. Et lorsque le pied opposé décolle du sol, les muscles du tibia font fléchir la cheville, l'ilio-psoas et le muscle droit fémoral guident le genou vers l'arrière... et le cycle recommence.

Se tenir debout

On possède **320** paires de muscles... qui sont pratiquement toutes mobilisées lorsqu'on se tient debout. Des électromyographies montrent néanmoins que les muscles de la cuisse, des hanches et du bas du dos sont particulièrement impliqués. Mais ce sont les muscles profonds, comme ceux, traverses, de l'abdomen, qui jouent le rôle le plus essentiel dans la station debout.

PENDU

Pour ceux qui ne vont pas seuls aux toilettes…
Trouvez le mot correspondant avant que le bourreau ne vous pende…
À chaque erreur un trait se dessine.

E _ P _ _ _ _ _ _ E

Solution : ESPIONNAGE

Choisir un bon miel !

Nos ancêtres consommaient le miel brut, mais tout ceci est fini, désormais. Voici comment font les faussaires du miel : ils utilisent du sirop de fructose ou de glucose d'origine industrielle, ils le colorent avec un additif alimentaire du genre E150d, rajoutent un arôme de synthèse de miel… Et voilou ! Certains industriels vont jusqu'à rajouter quelques grains de pollen, histoire de rendre la fraude moins détectable. Si l'on y regarde de plus près, on peut même trouver des microparticules de plastique provenant de rejets industriels.

Et même sur du vrai miel, des industriels peuvent ajouter des sirops sucrés.

Il est à noter que la majorité des faux miels viennent de l'étranger.

Conseils :

- Soyez prudents si sur l'étiquette vous lisez « Hors Union européenne ».
- N'achetez pas des mélanges de miel de diverses origines.
- Vérifiez que l'adresse de l'apiculteur est bien spécifiée.
- Idéalement, achetez vos pots directement chez l'apiculteur.
- Le bio est très conseillé, tout en sachant qu'il n'est pas forcément bio à 100 %, car les abeilles vont butiner jusqu'à 10 kilomètres de leur ruche.

LABYRINTHE

FACILE

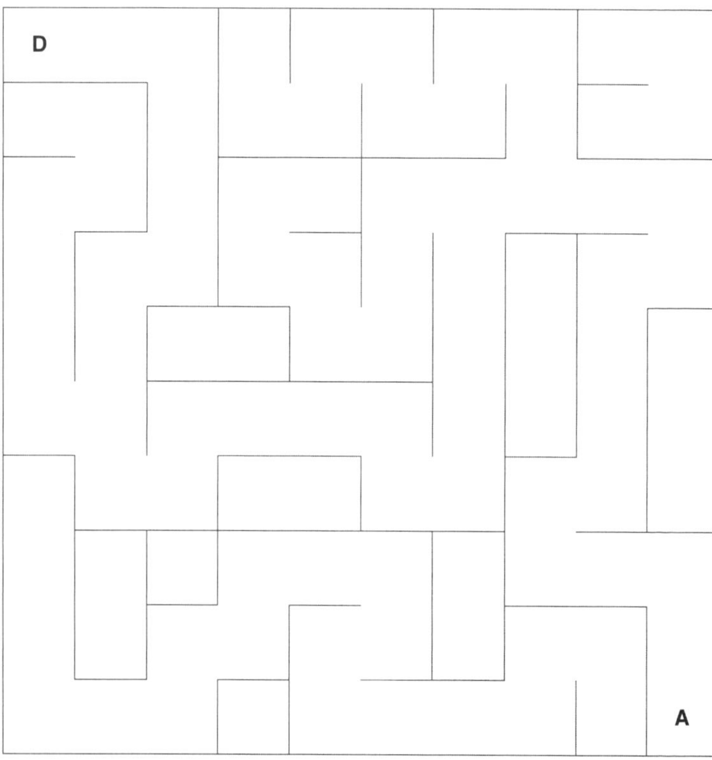

Au théâtre, pendant l'entracte, deux spectateurs se retrouvent aux toilettes, à l'urinoir :

– Quelle belle pièce.

– Je vous en prie ! Regardez devant vous !

Quand vos mails, SMS, vidéos et le web sont en partie la cause du... réchauffement climatique !

- Le secteur informatique représente **7 %** de la consommation d'électricité mondiale.
- Les vidéos en streaming sont les plus gros consommateurs d'énergie.
- La vidéo *Gangnam Style,* visionnée **2,7** milliards de fois, a nécessité l'équivalent de la production annuelle d'une petite centrale électrique !
- **1** mail avec pièce jointe = **1** ampoule pendant **1** heure.
- **1** data center = **1** ville de **30 000** à **50 000** habitants.
- **10** milliards de mails = **4 000** allers-retours en avion Paris-New York.

POURQUOI « SÉPARÉ » S'ÉCRIT-IL TOUT COLLÉ ET « TOUS ENSEMBLE », SÉPARÉ ?

QUIZ

Quel est le point commun de ces quatre artistes : John Belushi, Bon Scott, Ol' Dirty Bastard et Whitney Houston ?

a. Ils ont tous divorcé avant de se remarier à la même personne.
b. Ils ont donné un concert à la Maison-Blanche.
c. Ils sont tous Sagittaire.
d. Ils sont tous morts d'une overdose.

Solution : d. ils sont tous morts d'une overdose.

Chocolat, mon médoc préféré !

Bonne nouvelle pour les gourmands : le chocolat serait le meilleur remède contre la toux. Le professeur Alyn Morice, spécialiste de la toux à l'université de Hull (Yorkshire), déclare : « Je sais que ça peut sembler sortir tout droit de *Mary Poppins* [...] mais ce sont les résultats de la plus grande étude réalisée sur les remèdes contre la toux proposés en vente libre jamais entreprise en Europe. » Il a réalisé une étude auprès de 163 malades atteints de toux en les soignant avec un mélange à base de cacao. Résultat ? Ce remède plus que séduisant s'est montré plus probant que la codéine. Grâce à sa texture collante et adoucissante, le cacao forme un revêtement protégeant la muqueuse et les terminaisons nerveuses de la gorge.

JEUX

MOTS CROISÉS

Horizontalement

1 - Personne chargée d'une tâche - Petit ruisseau.
2 - Symbole chimique du lithium - Étoffes colorées de laine.
3 - Outil comportant deux mâchoires - Unité de luminance.
4 - Marqué après un choc.
5 - Moteur turbo diesel à injection - Tromper.
6 - Pareil - Donc.
7 - Agis.
8 - Le tien - Déshabillé.
9 - Pronom personnel - Il guide les moutons.
10 - Nobles.

Verticalement

I - Se répète sans cesse.
II - Qu'il possède - Ce dit d'un verre.
III - Prénom féminin.
IV - Housse de protection - Infinitif - Fleuve italien.
V - Onomatopée enfantine - Moyenne fréquence éléctronique - Le premier pécheur.
VI - Multipliaient par trois.
VII - Aide odontologique internationale - Un des sens.
VIII - Pleins d'un fort ressentiment.
IX - Elles servent à prendre des mesures - « Ferme-la ! » en langage texto.
X - Relatifs à la configuration spatiale d'une molécule.

JEUX

	I	II	III	IV	V	VI	VII	VIII	IX	X
1	■						■			■
2			■							
3					■		■			
4		■	■							
5				■						
6					■					
7							■		■	
8				■						
9			■							
10									■	

Solution page 609

Ma belle-mère admire les rossignols du caroubier.

MA BELLE-MÈRE ADMIRE LES ROUBIGNOLES DU CARROSSIER.

Un couple se dispute. Excédée, la femme lui dit :

– De toute façon, tu n'as jamais aimé ma famille !

– Mais c'est n'importe quoi, ça ! J'ai toujours préféré ta belle-mère à la mienne !

LES TOPS DU WCB

TOP 12 des infos sur l'or

• La plus grosse pépite jamais trouvée ? **72 kilos,** nommée « Welcome Stranger », elle a été découverte en **1869** près de Moliagul, en Australie.

• Les plus gros producteurs d'or sont… les États-Unis, l'Australie et la Chine.

• Si l'on transformait tout l'or existant en un fil de **5 microns,** on obtiendrait une bobine de fil d'or qui pourrait faire le tour de la Terre **11,2 millions** de fois…

• **28,3 grammes d'or** pur peuvent être étalés en une feuille de **9 mètres carrés.**

• **49 %** de l'or trouvé est aujourd'hui transformé en bijoux.

• L'or pur de **24 carats** est assez mou et très fragile ; il casse facilement. Voilà une des raisons pour lesquelles on utilise de l'or de moindre qualité en bijouterie.

• Qu'est-ce que l'or de **18 carats ?** C'est de l'or à **75 %**.

• L'or n'a aucun goût. Mais il est utilisé en cuisine pour son côté décoratif.

• Une copie du Coran, le livre saint chez les Musulmans, a été vendue aux enchères à Londres pour le prix de **1 542 000 euros.** Créé en **1203,** il a été écrit avec de l'or.

• Pour **10 000** smartphones, **311 grammes d'or** sont utilisés.

• Tout l'or jamais découvert **(175 000 tonnes)** peut rentrer dans un espace de **21 mètres cubes.**

• Selon les estimations scientifiques, les océans renfermeraient jusqu'à **15 000 tonnes d'or.**

Polyglotte oui, mais jusqu'à combien ?

Certaines personnes friment – et il y a de quoi – parce qu'elles parlent plusieurs langues. D'ailleurs, qui n'a pas déjà été impressionné par la fille ou le garçon qui se débrouille en italien, en anglais, en espagnol, en russe, avec aisance ? Mais, les scientifiques se sont penchés sur une question intéressante : ***le cerveau humain a-t-il des limites dans l'apprentissage des langues ?***
Déjà, qu'entend-on par parler une langue ? Les linguistes estiment qu'une année d'apprentissage assidu est nécessaire pour maîtriser correctement les bases d'une nouvelle langue. Et, puisqu'il faut les entretenir, une dizaine serait le nombre maximal d'idiomes que l'on pourrait assimiler. D'ores et déjà, si vous arrivez à plus de 6 langues, vous rentrez dans la catégorie des hyperpolyglottes.
Mais comment devient-on un hyperpolyglotte ? C'est un phénomène psychologique que les scientifiques appellent l'émergence de la conscience métalinguistique. C'est une capacité acquise par le cerveau : plus on connaît de langues, plus il devient facile d'en apprendre une nouvelle. D'ailleurs, avant l'âge de 4 ans, les enfants possèdent une capacité d'apprentissage améliorée. Entre 4 et 8 ans, elle diminue. C'est donc plus difficile pour les adultes. En revanche, un enfant oubliera plus vite une langue qu'un adulte, si cette dernière n'est pas pratiquée.

Un couple enlacé regarde le beau ciel étoilé en cette douce et romantique soirée :

– À quoi penses-tu, mon chéri ?

– À la même chose que toi, ma chérie…

– T'es vraiment qu'un gros porc !

OÙ VAS-TU ?
ME METTRE OVAIRE !

Drôle de nom !

La dénomination « Place de Bitche » avait été attribuée à une voie du 16e arrondissement de Paris. Or, imaginez la farce lorsque la légation des États-Unis s'y installa… (En anglais, le mot ***bitch*** est notamment un terme d'insulte envers une femme.) Finalement, le nom « Place des États-Unis » a remplacé celui de « Place de Bitche », qui a été réattribué à une voie du 19e arrondissement de Paris.

Sonia va chez son psy :

– Mon mari se prend pour un frigo. Ça m'inquiète vraiment.

Pendant la nuit, il est tout froid et ronfle très fort.

– Ce n'est pas grave. Il suffit de le persuader du contraire et ça passera. Vous pouvez dormir tranquille.

– Impossible ! Il ronfle la bouche ouverte. Du coup, cette petite lampe allumée, au fond, ça me tient éveillée…

Roger et Paulette passent la soirée devant la télé.

Roger se tourne vers sa femme :

– Chaque fois qu'un acteur décède, ils repassent tous ses films…

– Vivement le décès de Rocco Siffredi !

JEUX

SUDOKU

7		5		3	8			
	6	9						
	8		7					
		7			5	1		4
	9						3	
4		8	1			7		
					7		8	
						5	6	
			2	9		4		3

Solution page 606

Charade

Mon **premier** se fête
le soir du **31**.

Mon **second** est un **ZIZI**.

PINOCCHIO est connu
pour mon **troisième**.

Mon **tout** consiste à vous
ENNUYER.

Solution : An-Kiki-Nez : ENQUIQUINER

Il paraît que les gens vulgaires ont un QI largement supérieur à la moyenne mais, perso, je m'en bats les couilles de ces putains de croyances de merde !

M. ET MME PACHÈRE ONT 3 FILS. COMMENT S'APPELLENT-ILS ?

Solution : Ivan, Sam, Otto.

DES CONFIDENCES PAS COMME LES AUTRES !

Brigitte Bardot : « Parmi les chanteurs actuels, j'adore Francis Cabrel. J'aime aussi Julien Clerc, Julien Doré, Florent Pagny, Jeanne Mas, Nolwenn Leroy et Stone, de Stone et Charden. Tous les autres m'énervent ! »

Gérard Depardieu : « Mon écrivain préféré reste Peter Handke. J'aime toute son œuvre. »

Julien Clerc : « Je vouvoie ma femme Hélène. »

Baptiste Lecaplain : « J'ai été puceau jusqu'à 23 ans. J'étais très timide… Je n'étais pas un mâle dominant, quoi ! »

CARRÉ MAGIQUE

MOYEN

Obtenez la somme de **123** sur toutes les lignes horizontales et verticales !

		3	25	29	21
	31	8	27		26
5		37		24	28
32	33			15	19
36	4	35	18		
34	11		16	20	12

Solution page 619

Votre horloge biologique

02h00 : Sommeil le plus profond

04h30 : Température corporelle la plus basse

06h45 : Plus forte augmentation de la tension artérielle

07h30 : Fin de la sécrétion de mélatonine (hormone du sommeil)

08h30 : Réactivation de l'intestin (vous risquez d'aller à la selle)

09h00 : Plus haute sécrétion de testostérone

10h00 : Meilleure vigilance

14h30 : Meilleure coordination

17h00 : Meilleures efficacité cardiovasculaire et force musculaire

18h30 : Pic de tension artérielle

19h00 : Température corporelle la plus élevée

21h00 : Début de la sécrétion de mélatonine

22h30 : Interruption de l'activité de l'intestin

JEUX

MOTS MÊLÉS

Mots anglais

Saurez-vous retrouver chacun des mots cachés dans ce tableau ?

Les mots peuvent être écrits horizontalement, verticalement, en diagonale ou à l'envers.

Mots à trouver :

1) BLAZER
2) BRUSHING
3) CLOWN
4) COOL
5) CRASH
6) CUSTOMISER
7) DESIGN
8) EMAIL
9) FLIRT
10) GEEK
11) HAMBURGER
12) LEGGING
13) PACEMAKER
14) PARKING
15) PICKPOCKET
16) SANDWICH
17) SHOPPING
18) SMARTPHONE
19) SNIPER
20) SPEECH
21) SPONSOR

JEUX

U	H	H	S	V	V	G	O	B	W	F	M	Y	H	N	Z	F	N	P	Ç
F	K	D	Y	L	W	G	B	Y	A	O	G	Y	E	Z	H	N	S	R	W
G	N	I	G	G	E	L	H	T	A	H	I	N	H	H	V	V	M	S	N
D	Y	S	O	E	D	O	C	E	C	C	A	U	I	E	S	Q	F	N	G
G	N	I	K	R	A	P	I	G	E	L	L	M	L	P	A	A	Z	E	I
W	K	P	S	U	K	C	W	I	T	N	W	O	B	X	P	O	R	E	S
I	I	B	J	V	C	O	D	P	E	R	O	S	W	U	Z	O	M	C	E
F	Q	C	O	W	D	J	N	K	K	A	X	H	W	N	R	C	H	B	D
R	N	S	X	P	K	Ç	A	P	C	M	C	M	P	C	V	G	A	S	L
E	S	P	H	A	P	A	S	E	O	G	F	V	P	T	O	X	E	K	D
Q	R	N	M	C	O	G	H	T	P	G	C	A	E	I	R	O	Z	R	U
Ç	Ç	E	L	E	F	V	O	U	K	Z	N	R	S	R	Q	A	L	S	R
E	S	Z	Z	M	X	B	X	U	C	T	P	I	D	E	Ç	Y	M	R	O
M	C	P	C	A	X	C	V	X	I	F	Q	V	H	W	U	L	Q	S	S
A	W	Z	Ç	K	L	X	X	P	P	L	Ç	C	L	S	M	O	G	P	N
I	V	J	Y	E	H	B	B	W	M	I	E	C	R	D	U	D	Z	E	O
L	C	W	Q	R	S	N	I	P	E	R	B	H	R	D	B	R	Z	E	P
O	X	S	R	R	E	S	I	M	O	T	S	U	C	Z	R	Q	B	C	S
P	H	M	Q	I	C	D	B	K	G	S	W	R	G	C	O	P	Ç	H	M
U	F	I	E	G	Ç	E	W	H	H	P	N	D	U	V	M	H	U	O	F

Solution page 615

QUI EST L'INTRUS ?

LA CATHÉDRALE NOTRE-DAME-DE-L'ASSOMPTION DE CORDOUE

LA CATHÉDRALE SAINT-SAUVEUR D'AIX-EN-PROVENCE

LA CATHÉDRALE SAINTE-EDWIGE DE BERLIN

LA CATHÉDRALE SAINTE-NEDELYA DE SOFIA

LA CATHÉDRALE NOTRE-DAME DE LUXEMBOURG

LA CATHÉDRALE NOTRE-DAME DE PARIS

LA CATHÉDRALE SAINT-OLAF D'OSLO

LA CATHÉDRALE NOTRE-DAME-DE-L'ASSOMPTION DE FUNCHAL

LA CATHÉDRALE SAINT-OURS ET SAINT-VICTOR DE SOLEURE

LA BASILIQUE-CATHÉDRALE SAINT-BAVON DE GAND

Solution : Toutes ces cathédrales sont mondialement connues ; en revanche seul l'édifice de Cordoue est une ancienne mosquée !

PENDU

Pour ceux qui ne vont pas seuls aux toilettes…
Trouvez le mot correspondant avant que le bourreau ne vous pende…
À chaque erreur un trait se dessine.

H _ _ _ _ _ _ _ _ _ _ E

Solution : HYDROCARBURE

Le saviez-vous ?

Chaque seconde, 333 préservatifs sont fabriqués dans le monde.

LABYRINTHE

MOYEN

Claire et Louis sont
en couple.

Claire est sourde
et Louis est aveugle.

Louis ne voit pas Claire
et Claire a perdu Louis !

Le gaspillage et les Français

- Près de **50** millions de repas sont jetés à la poubelle chaque jour !
- **10** millions de tonnes de nourriture consommable sont gaspillées chaque année ! Soit **18** milliards de repas mis à la poubelle !
- Dans le monde, **1/3** des aliments destinés à la consommation est gaspillé !
- Chaque Français jette chez lui près de **20** kilos de nourriture par an ; **4** kilos de ces aliments jetés sont encore emballés !
- Le coût annuel du gaspillage alimentaire en France est estimé à **16** milliards d'euros !

Dont :

- **32 %** lors de la production : fruits et légumes abîmés, poissons trop petits rejetés morts en mer...
- **21 %** lors de la transformation : processus ou conditionnement défectueux en usine...
- **14 %** lors de la distribution : casse, rupture de la chaîne du froid, produits abîmés ou invendus...
- **33 %** lors de la consommation, dont :
- **14 %** pour la restauration collective et commerciale : déchets de préparation, restes de repas, mauvaise gestion des stocks...
- **19 %** pour la consommation à domicile : restes de repas jetés, produits périmés...
- L'impact carbone des pertes et gaspillages est évalué à **15,3** millions de tonnes équivalent CO_2, soit **3 %** de l'ensemble des émissions de l'activité nationale.

ADAM AVAIT-IL UN NOMBRIL ?

QUIZ

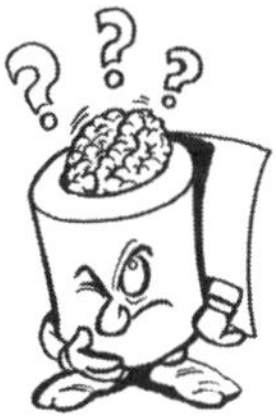

Quel est le musicien favori du réalisateur Tim Burton ?

a. Ennio Morricone
b. Hans Zimmer
c. Danny Elfman
d. Jerry Goldsmith

Solution : c. Danny Elfman.

A B C D
E F G H I
J K L M N
O RS
T U V W X
Y Z

Le saviez-vous ?

Les morts totalement absurdes

- **456 av. J.-C. :** le dramaturge grec Eschyle est tué par un rapace qui confond son crâne chauve avec une pierre et fait tomber une tortue sur lui pour en briser la carapace.
- **1131 :** Philippe de France (1116-1131), fils aîné et héritier du roi Louis VI, est tué par un cochon.
- **1498 :** Charles VIII, roi de France, heurte violemment le linteau de pierre d'une des portes du château d'Amboise et meurt.
- **1567 :** Hans Steininger, maire de Braunau, en Autriche, marche sur sa propre barbe (1,4 mètre de long) et meurt le cou brisé.
- **1911 :** Jack Daniel, fondateur de la distillerie Jack Daniel's, ne se souvenant pas de la bonne combinaison, donne un coup de pied à son coffre-fort et meurt de l'empoisonnement sanguin généré par sa blessure à l'orteil.
- **1923 :** Frank Hayes, un jockey américain, meurt d'un infarctus du myocarde durant une compétition hippique mais gagne tout de même la course grâce à son cheval, Sweet Kiss, qui finit la course…
- **1977 :** René Goscinny, scénariste de bandes dessinées, meurt chez son cardiologue lors d'un test d'efforts.
- **1989 :** Ole Bentzen, un orthophoniste danois, pris d'un fou rire en regardant le film *Un poisson nommé Wanda,* meurt d'un arrêt cardiaque.
- **2009 :** Vladimir Likhonos, un étudiant en chimie, meurt après avoir mâché un chewing-gum « explosif » trempé dans une substance explosive qu'il a confondue avec de l'acide citrique.
- **2015 :** Devon Staples, un Américain ivre de 22 ans, à l'occasion de la Fête nationale américaine du 4-Juillet, allume une fusée de feu d'artifice sur son crâne.

Un hachis
Parmentier.

UN AMANT
PARTI CHIER.

Au tribunal, un juge condamne lourdement un homme qui a tué son père et sa mère. Le condamné s'insurge :

– Monsieur le juge ! Vous n'allez pas envoyer en prison un pauvre orphelin ?!

La France a un bon cœur !

Heureusement, la France est classée dans le trio de tête des pays développés où la cause de la mortalité due à l'infarctus est la plus faible. Devant nous ? Seulement le Japon et la Corée du Sud, selon le Baromètre santé établi en novembre 2017 par l'OCDE.

Comment dit-on en anglais : « Ma belle-mère ne vient pas manger ce soir, finalement ?! »

YYYEEEESSSSSSSSSSSSSSSSS !!!!!!!!!

JEUX

SUDOKU

				9		1		
	4			2	3		6	
		6	5					3
		5	7				4	
3							5	1
	9				8	2		
5					9	6		
	1		4	8			7	
		9		6				

Solution page 606

Charade

Mon **premier** est

une **EXTRÉMITÉ**.

Mon **second** passe

sans **JAMAIS** s'arrêter.

Mon **troisième**

sifflera **TROIS FOIS**.

Mon **tout** prépare le

TERRAIN pour un autre.

Solution : Bout-Temps-Train : BOUTE-EN-TRAIN

Humour

Un couple de paysans du fin fond de la Creuse se rend à la ville pour faire quelques achats.

La Paulette entre dans une boutique de vêtements pour essayer un short en jean taille 56. Lors de l'essayage, Germain se permet de lui dire sans tact :

– Boudiou ! Ça te fait le cul aussi large que notre moissonneuse-batteuse !

Le soir, le couple est au lit. Germain se colle à sa femme pour tenter de l'exciter mais elle rejette sans ménagement ses avances :

– Dis-moi ! Tu crois pas que je vais mettre la batteuse en marche pour un aussi petit épi ?

QUEL EST L'ANIMAL QUI SAUTE PLUS HAUT QU'UN ARBRE ?

Solution : TOUS. Les arbres ne sautent pas !

« Je n'aime pas le nombre 100, trop parfait, ni 99, parce qu'il donne envie d'ajouter un 1 pour arriver à 100 ; 98 est le juste milieu. »

Asaf Avidan

CARRÉ MAGIQUE

DIFFICILE

Obtenez la somme de **175** sur toutes les lignes horizontales et verticales !

26			43	2	10	18
6	14	15	23	31		
35		44		11	19	27
8	16	24		40		7
	45	4	12		28	29
17	25	33	41	49	1	
46	5		21		30	38

Solution page 619

JEUX

MOTS MÊLÉS

Peintres du Monde

Saurez-vous retrouver chacun des mots cachés dans ce tableau ?

Les mots peuvent être écrits horizontalement, verticalement, en diagonale ou à l'envers.

Mots à trouver :

1) BORROMINI
2) CAMPI
3) CEZANNE
4) DUCCIO
5) HOPPER
6) KANDINSKY
7) KLEIN
8) KLIMT
9) MIRO
10) MONET
11) PALADINO
12) PEVSNER
13) PICASSO
14) RAPHAEL
15) REMBRANDT
16) ROUSSEAU
17) RUSSOLO
18) SIGNAC
19) SISLEY
20) THAULOW
21) TINTORET
22) WARHOL

JEUX

Z	Y	B	Y	Y	E	O	K	L	I	M	T	J	U	H	C	K	G	Z	E
K	L	C	Y	H	K	P	N	F	W	X	Ç	B	W	A	V	R	Y	S	D
F	J	B	L	S	O	D	T	I	L	D	A	U	N	K	H	G	D	U	D
O	Y	K	X	C	Q	R	J	E	D	J	T	G	W	L	Q	P	C	C	B
X	H	U	L	A	V	P	A	J	Y	A	I	W	T	A	V	C	I	O	W
O	D	V	U	Z	E	H	V	H	I	S	L	E	T	W	I	D	R	Q	Z
L	T	T	J	V	P	A	B	C	I	D	R	A	N	O	X	R	Y	J	O
P	P	D	S	A	I	V	E	Q	B	O	Ç	U	P	R	O	K	C	W	R
A	E	N	R	G	N	S	C	G	T	K	T	S	F	M	O	O	P	W	I
E	E	A	Ç	B	P	R	D	N	B	E	A	H	I	S	W	Y	F	Ç	M
R	C	R	N	T	T	I	I	E	N	Z	G	N	A	S	C	Z	D	R	G
U	E	B	M	J	W	T	H	O	V	R	I	M	D	Q	L	U	J	N	W
M	Z	M	I	V	P	O	M	V	N	W	I	E	T	I	Q	E	D	I	Q
M	A	E	L	R	O	I	L	X	L	O	H	R	A	W	N	I	Y	W	R
P	N	R	N	U	Z	Ç	C	U	A	E	S	S	U	O	R	S	G	X	X
G	N	H	U	S	N	Ç	U	A	A	K	M	F	L	E	S	R	K	T	K
Q	E	S	X	S	Ç	I	T	U	S	H	Z	N	G	F	Z	O	W	Y	H
T	M	C	H	O	P	P	E	R	F	S	T	R	Z	N	F	W	N	T	Ç
G	Ç	K	T	L	X	W	D	L	H	D	O	S	Z	K	P	N	N	H	Ç
M	E	E	V	O	X	Y	Ç	V	K	I	P	M	A	C	K	X	W	X	N

Solution page 615

Humour

Un jeune motard nommé Lino veut intégrer un célèbre club de bikers. Le chef, un dur, un tatoué vêtu de cuir noir, lui dit :

– Pour devenir membre du club, tu as trois épreuves à réussir : la première, boire 20 litres de bière, la deuxième, retirer l'aphte du pitbull qui se trouve sous le bar, et la troisième, faire l'amour dix fois à la grand-mère assise sur son banc.

Motivé, le jeune Lino se met à la tâche et ingurgite des litres et des litres de bières. Arrivé au dix-septième litre, il commence à sérieusement se balancer sur sa chaise. Mais finalement, les 20 litres y passent. Complètement bourré, il se dirige vers le pitbull sous le comptoir. Toute l'assistance entend d'énormes bruits de lutte qui se produisent entre le jeune et le pitbull. Le chien hurle à la mort pendant des heures. Le motard ressort, épuisé et les cheveux ébouriffés, puis demande aux bikers :

– Alors, elle est où cette vieille, que je lui retire son aphte ?

QUI EST L'INTRUS ?

BOURDON

SOURIS

LÉZARD

BÉLIER

HÉRISSON

LOUP

GRUE

CHENILLE

PUNAISE

BUSE

Solution : Tous ces noms d'animaux, à l'exception du lézard, désignent également des objets.

Que faisons-nous de nos journées ?

Le temps pour soi

9 minutes sous la douche.

17 minutes 30 aux toilettes : **13 minutes** pour les hommes, **22** pour les femmes.

25 minutes dans le bain.

2 heures 22 minutes à manger, dont **1/5** devant la télévision.

7 heures 47 minutes à dormir. C'est **17 minutes** de moins qu'en **1986**. Pour ce temps de sommeil, on passe **1 heure 40 minutes** à rêver, mais pas en continu. On rêve environ **5 fois 20 minutes.**

Dans le travail

5 à **10 minutes** pour la pause-café.

14 minutes 30 secondes à se plaindre de son entreprise. Dans une vie, cela fait **106 jours !**

50 minutes de trajet entre le travail et le domicile. Pour les Franciliens, c'est pire : **92 minutes** par jour.

60 minutes de marche pour les Parisiens. **8 300 pas** par jour !

3 heures 7 minutes de réunions pour les cadres.

Des Chiffres, Des Chiffres

À la maison

3 heures 3 minutes de tâches domestiques pour les femmes contre **1 heure 23 minutes** pour les hommes.

31 minutes à s'occuper des enfants pour les femmes contre **14 minutes** pour les hommes.

Dans les loisirs

14 minutes de sport pour les hommes, **6 minutes** pour les femmes.

17 minutes de promenade.

18 minutes pour lire.

19 minutes à communiquer : parler, téléphoner, écrire.

3 heures 25 minutes devant un écran, parfois deux : **3 heures** pour la télé et **45 minutes** pour l'ordinateur.

Au total

52 minutes de trajet quotidien.

3 heures 10 minutes de temps domestique.

3 heures 16 minutes de temps professionnel.

5 heures 58 minutes de temps libre.

11 heures 44 minutes de temps pour soi...

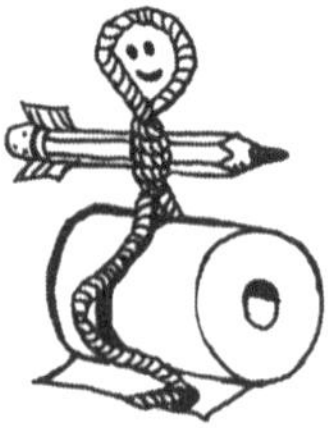

PENDU

Pour ceux qui ne vont pas seuls aux toilettes…
Trouvez le mot correspondant avant que le bourreau ne vous pende…
À chaque erreur un trait se dessine.

K _ _ _ _ _ _ _ _ _ _ _ E

Solution : KINÉSITHÉRAPIE

Je déteste
avoir une chanson
de merde dans
la tête.

Surtout... « Quand
je fais de la purée
Mousline ! »

BOB, L'ÉPONGE !

LABYRINTHE

DIFFICILE

Si j'avais un cheval,
je l'appellerais NATUREL.

Et je le chasserai.

Juste pour vérifier
un truc.

Des Chiffres, Des Chiffres

- Le célèbre trafiquant de drogue, Pablo Escobar, a créé son empire de la cocaïne en achetant et revendant **15 kilos** de pâte de cocaïne.
- En **1991,** le cartel du trafiquant de drogue Pablo Escobar est responsable de **6 349 meurtres** à Medellin. Escobar a proposé de payer la dette colombienne de plus de **20 milliards de dollars** pour éviter son extradition vers les États-Unis.
- Le cartel d'Escobar fournissait aux États-Unis **80 %** de la cocaïne ; son chiffre annuel s'élevait à **21,9 milliards de dollars.**
- Sa fortune personnelle a été estimée à **3 milliards de dollars** par le magazine Forbes... Il aurait amassé, durant toute sa vie, plus de **30 milliards de dollars** (soit **54 milliards** actuels).
- Pablo Escobar a fait un feu avec **2 millions de dollars** en billets car sa fille, Manuela, souffrait d'une hypothermie à cause du froid.
- Le cartel de Pablo Escobar dépensait **2 500 dollars** par mois pour acheter du caoutchouc afin de protéger leur argent.
- Ne pouvant mettre tout son argent dans les banques, Escobar stockait ses billets dans ses entrepôts. Il affirmera qu'il perdait **10 %** de cet argent à cause des rats, qui grignotaient les billets de **100 dollars.**
- En **1989,** il fut classé septième homme le plus fortuné du monde.
- Escobar expliquait que son retour sur investissement était de **20 000 %.**
- La tête d'Escobar fut mise à prix par les États-Unis pour **6 millions de dollars.**

COMMENT S'APPELAIT LE CAPITAINE CROCHET AVANT DE PERDRE SA MAIN ?

QUIZ

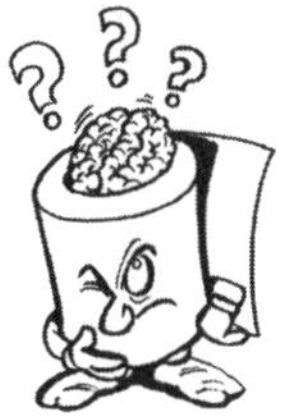

Quel est le premier animal envoyé dans l'espace ?

a. Un couple de souris de laboratoire
b. Une chienne
c. Un chimpanzé
d. Des fourmis

Solution : b. Laïka, une petite chienne russe.

Le saviez-vous ?

La première couleur que discerne un bébé est le rouge (vers 3 mois d'existence).

C'est à l'âge de 5 ans qu'un être humain rit le plus chaque jour !

Les chats de trois couleurs, blanc, marron et noir, sont quasi systématiquement des femelles.

À ses débuts, Walt Disney voulait appeler Mickey « Mortimer Mouse ».

Le record mondial d'absorption d'une bouteille de ketchup (396 grammes) est de 32,37 secondes.

Info maths : pour une pizza avec un rayon Z ayant une épaisseur A, on calcule son volume avec cette formule : Pi x Z x Z x A

Le chef de l'Ena raffole du porto.

LE CHEF DE L'ÉTAT RAFFOLE DU PORNO.

Une femme,
c'est facile à comprendre.
C'est comme un livre
ouvert !

Un livre sur la physique
quantique écrit en finnois,
mais ouvert.

Le saviez-vous ?

4 700 000 000 000 000 000 000 000 000 000 pengos = 1 dollar ?

Aujourd'hui, la monnaie nationale hongroise est le **forint.** Mais avant 1946, c'était le **pengo.** Et à la fin de la Seconde Guerre mondiale, 4 700 000 000 000 000 000 000 000 000 000 pengos valaient 1 dollar à cause de l'inflation !

TOP 50 des surnoms amoureux originaux

Pour homme	Pour femme
Cow-boy	Chouchoutte
Mon minet	Ma Demoiselle
Chérichou	Beauté fatale
Mon petit canari	Ma frasouille
Mon p'tit bout	Ma Juliette
Croquilou	Chouquette
Ma guimauve	Loupiotte
Mon bisounours	Ma chatoune
Ourson	Ma p'tite chipie
Coquinou	Chatounette
Doudounet	Cocotte
Kiki	Grosse minoune
Gros poilu	Crapaud de mon cœur
Mon petit caneton	Ma gazelle
Ma couille	Louloute
Mon toutounet	Ma petite nénette
Chochotte	Bijou
Mon beau bazou	Ma bitch
Mon bel étalon	Ma caille en sucre
Mon coussinet	Ma coccinelle
Champion	Bibiche
Mon pain d'épice	Ma lionne
Mon gorille	Ma crevette

LES TOPS DU WCB

Mon homme des cavernes	Ma déesse
Mon pingouin	Maman
Mon serpent à lunettes	Ma mante religieuse
Mon supermâle	Ma mie
Bibi	Moumoune
Michou	Pupuce
Mon doux frisé	Ma choune
P'tit cul	Ma tourterelle
Petit sushi	Ma Lilliputienne
Mon sucre d'orge	Pépette
Ti-gris	Ma p'tite grenouille
Mon biquet	Mignonne
Mon Chamallow	Ma calinette
Mon choubidou	Ma poupoune
Toutoune	Ma chouette
Ma flamme	Mon lapin rose
Chaton	Petite chatte
Beau brun	Minette
Calinours	Poucinette
Mon vilain garçon	Ma p'tite folie
Mon p'tit machin	Ma louve
Roudoudou	Ma Schtroumpfette
Titounet	Mon chou en sucre
Honey	Pougnette
Mon Apollon	Sucette
Choupinet	Ma sucrette
Mon bien-aimé	Zézette

Le saviez-vous ?

Le roman le plus fou !

Son titre est ***Le Train de nulle part,*** son auteur, Michel Thaler, il est sorti en 2004. Sa particularité ? C'est LE roman sans verbes, la seule histoire de 234 pages sans aucun verbe ! Si, si, c'est possible. Voici un extrait : « Quelle aubaine ! Une place de libre, ou presque, dans ce compartiment. Une escale provisoire, pourquoi pas ! Donc, ma nouvelle adresse dans ce train de nulle part : voiture 12, troisième compartiment dans le sens de la marche. Encore une fois, pourquoi pas ?
– Bonjour Messieurs Dames. Un segment du voyage avec vous ! Ou peut-être pas ! Tout comme la totalité de l'itinéraire, du moins le mien ! »

Li, un jeune Chinois, commence son cours de sport.

Son prof :

– Li ! Fais-moi 10 pompes !

– Pas de problème, monsieur ! Nike ou Adidas ?

JEUX

SUDOKU

	5					8	7	9
		3	8				1	
8	6							
6			4		8			
7	3		5		2		6	4
			7		6			5
							2	7
	1				3	4		
2	8	9					5	

Solution page 607

Charade

Mon **premier** n'est
pas toujours **ISOLÉ**.
Mon **deuxième**
se dit d'un **LIVRE** fini.
Mon **troisième** est un **PLAT** raffiné.
Mon **tout** s'utilise pour marquer
la **FIN** de la guerre.

Solution : Cas-Lu-Met : CALUMET

Deux potes kangourous discutent :

– Alors, ton rendez-vous d'hier soir ?

– T'inquiète ! C'est dans la poche !

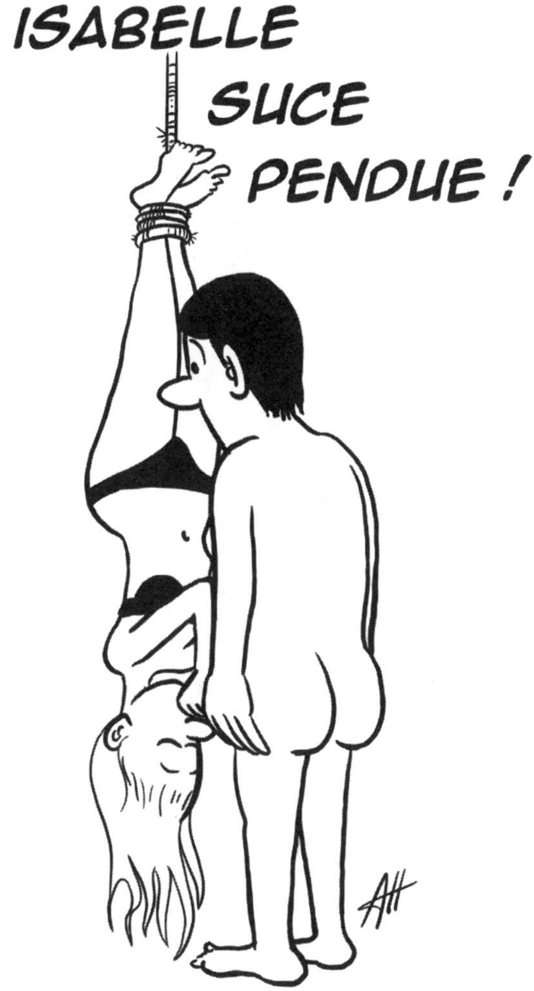
ISABELLE
SUCE
PENDUE !

QUE FAIT UN BRÉSILIEN S'IL EST NUL EN FOOT ?

Solution : Il change de sexe.

ILS ONT AUSSI EU UN DÉBUT…

Michel Houellebecq : le plus grand écrivain français a fréquenté des ateliers d'écriture et appris à écrire au début de sa carrière.

Philippe Djian : durant sa jeunesse, le plus américain des auteurs français a beaucoup échangé avec un ami, mais a également pris quelques cours pour « trouver sa voie ».

Leïla Slimani : quant à la lauréate du prix Goncourt 2016 pour Chanson douce, elle a fréquenté les Ateliers de la NRF/Gallimard.

CARRÉ MAGIQUE

MOYEN

Obtenez la somme de **111** sur toutes les lignes horizontales et verticales !

	5	36		23	27
6	34			25	20
	3	31	26	21	22
35	30		17	12	
33		29	15		11
28		9	10	14	

Solution page 620

- En Chine, un enfant de **2 ans** a bloqué l'iPhone de sa maman pour **47 ans !** L'écran s'est verrouillé pendant qu'il regardait des vidéos et il a essayé de le déverrouiller pendant plusieurs heures en faisant des codes erronés.
- Jusqu'à **3 heures** après sa mort, on pète encore.
- La résolution de l'œil humain est de **576 mégapixels** en sachant que cette vision optimale ne l'est que dans un angle de **2 degrés** à compter du centre.
- Le record de vitesse de course de caddie est de **72 km/h.**

JEUX

MOTS MÊLÉS

En verlan

Saurez-vous retrouver chacun des mots cachés dans ce tableau ?

Les mots peuvent être écrits horizontalement, verticalement, en diagonale ou à l'envers.

Mots à trouver :

1) AUCHE
2) CHANME
3) CHEPER
4) KEUF
5) KEUM
6) MEFU
7) MEUF
8) NAWAK
9) OILPE
10) OUF
11) PECHO
12) REBEU
13) RELOU
14) REUF
15) REUP
16) RIPOU
17) TEUBE
18) TEUF
19) VENERE
20) ZARBI

JEUX

O	F	E	X	V	X	M	E	D	J	Z	F	P	Z	Y	Z	L	T	Q	Y
T	B	U	N	X	E	K	W	Ç	Z	F	U	E	T	M	G	V	Q	B	C
G	S	U	E	A	M	N	V	V	F	A	A	Ç	R	I	A	H	W	M	S
F	J	Z	T	M	W	V	E	D	B	R	Y	X	H	L	Ç	N	I	K	A
C	I	B	K	U	U	A	Y	R	Z	D	U	C	Ç	B	S	M	Y	E	R
C	T	K	O	S	E	E	K	R	E	U	F	N	Ç	I	I	F	K	G	Q
E	X	T	K	S	H	B	K	I	P	T	W	Y	R	A	Ç	J	X	O	F
G	H	L	P	R	G	K	E	B	U	E	T	W	L	P	H	L	K	I	D
D	A	N	N	I	V	Ç	Z	R	Z	F	C	B	K	E	Q	S	D	G	T
L	M	L	Ç	P	Y	Y	C	B	L	F	W	H	U	O	R	J	G	P	D
A	G	T	Ç	O	G	K	Ç	Y	Z	T	H	K	O	H	E	O	V	E	B
G	J	J	P	U	C	S	E	H	C	U	A	U	L	P	P	R	Q	V	Q
Ç	F	B	U	I	N	P	D	U	A	C	F	J	E	K	E	C	D	P	F
G	L	D	C	T	U	S	D	K	F	N	G	W	R	A	H	G	G	P	C
O	I	L	P	E	C	R	R	N	B	D	P	I	B	A	C	M	K	G	P
V	B	Z	R	A	I	H	U	Ç	Z	M	M	P	N	J	Q	A	D	D	U
F	R	N	D	Z	D	J	G	Ç	I	C	Ç	M	I	Y	W	L	F	F	S
G	A	L	T	H	E	V	K	F	Z	K	E	Y	S	P	D	W	V	R	Q
F	Z	B	W	U	L	K	Y	M	K	F	A	C	U	X	S	K	D	E	R
Y	T	B	L	G	Q	Q	E	R	U	P	G	A	J	G	L	H	H	Ç	Q

Solution page 616

QUI EST L'INTRUS ?

ERNEST HEMINGWAY

CESARE PAVESE

GEORGES PEREC

STEFAN ZWEIG

ROMAIN GARY

YUKIO MISHIMA

EDGAR ALLAN POE

VIRGINIA WOOLF

LOUIS VERNEUIL

Solution : À l'exception de Georges Perec, toutes ces personnalités se sont suicidées.

PENDU

Pour ceux qui ne vont pas seuls aux toilettes…
Trouvez le mot correspondant avant que le bourreau ne vous pende…
À chaque erreur un trait se dessine.

O _ _ _ S - _ _ - _ _ _ _ F

Solution : ŒILS-DE-BŒUF

Le *WC BOOK* vous annonce qu'il arrête ses blagues sur les Portugais…

Ce n'est pas constructif !

LABYRINTHE

FACILE

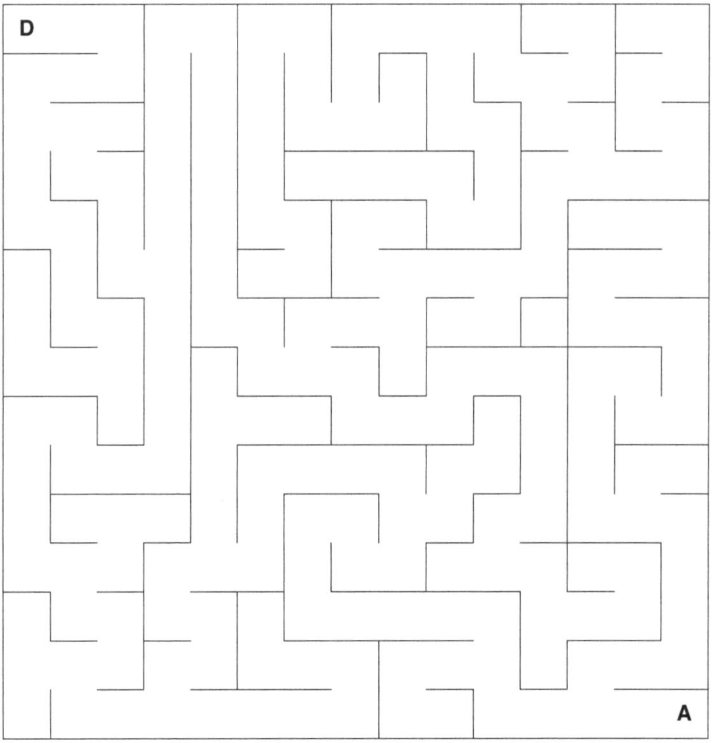

J'ai tellement de sommeil en retard que dans mes rêves je paie en francs !

L'arche de Noé en chiffres :

- Selon la Bible, l'arche de Noé mesurait **300 cubits** de long (**137 mètres**) pour **50 cubits** de large (**23 mètres**) et **30** de haut (**14 mètres**). L'embarcation possédait **3 étages.** C'est la taille d'un bateau de croisière actuel de taille moyenne.
- Selon les chercheurs, cela équivaut à une cargaison de **50 540 tonnes.**
- En prenant un poids moyen de **23,47 kilos** (un mouton) par animal, l'arche aurait pu accueillir **2,15 millions** d'animaux.
- Dieu ordonna à Noé de faire entrer les animaux dans l'arche : **2** de certaines espèces (le mâle et la femelle) et **7** d'autres espèces. Le nombre d'espèces terrestres s'élevant aujourd'hui à **6,5 millions,** l'arche de Noé aurait vraisemblablement coulé !
- Selon la Bible, l'arche navigua durant **220 jours** avant de s'échouer sur le mont Ararat (Turquie).

SI UN MOT EST
MAL ÉCRIT DANS
LE DICTIONNAIRE,
COMMENT PEUT-ON
LE SAVOIR ?

QUIZ

Quel était le pseudonyme de Boris Vian ?

a. Émile Ajar
b. Vernon Sullivan
c. Lord R'Hoone
d. Gérard Labrunie

Solution : b. Vernon Sullivan.

Le saviez-vous ?

2 500 à 3 000 corps sont donnés à la science en France chaque année et sont récupérés par une des 28 facultés de médecine disposant d'un service adapté.

Vieille légende allemande : le meilleur remède pour le mal de dents est... d'embrasser un âne !

Un légufrulabélophile est un collectionneur d'étiquettes de fruits et légumes.

On doit dire « La ligne un du métro » et non « La ligne une du métro », tout comme « La page un » dans les livres. Selon l'Académie française, la référence !

La jeune fille revient de la ferme pleine d'espoir jusqu'au pont du Jura.

LA JEUNE FILLE REVIENT DE LA FOIRE PLEINE DE SPERME JUSQU'AU RAS DU JUPON.

Humour

Sur l'air de *Le Temps des cathédrales*

– Tu m'énerves tellement que j'ai envie de t'appeler Drale !

– Ah bon ? Mais pourquoi ?

– Parce qu'IL EST VENU LE TEMPS D'ÉCLATER DRALE !

Le TOP 5 des animaux les plus dangereux aux USA !

D'après une étude de l'université de Stanford, voici ce classement plutôt déroutant.

1. Les vaches et les chevaux : 2,8 décès pour 10 millions d'habitants.

2. Les guêpes, abeilles et bourdons : 1,4 décès pour 10 millions d'habitants.

3. Les chiens : 0,8 décès pour 10 millions d'habitants.

4. Les serpents et les araignées : 3 % des décès.

5. Les crocodiles, scorpions et rats : moins de 1% des décès.

Le saviez-vous ?

Brûlez-vous en journée !

Pourquoi ça ? Parce que l'on cicatrise bien mieux si l'on se blesse le jour plutôt que la nuit. En tout cas, c'est la découverte de chercheurs en biologie cellulaire de Cambridge. Dans leur laboratoire, ils ont constaté que le processus de guérison des grands brûlés diurnes était de 60 % plus rapide que ceux qui avaient été victimes d'un accident nocturne. **Les scientifiques expliquent ce phénomène par un meilleur fonctionnement, de jour, de notre horloge circadienne, qui régule les cycles de 24 heures au sein de notre organisme.** Durant la nuit, cette horloge interne tourne moins vite et apporte moins de collagène. Sachant que le collagène est la protéine réparatrice qui guérit les tissus cicatriciels et donne à la peau souplesse et résistance, on comprend mieux le phénomène.

Prochaine étape ? Voir s'il existe des heures plus favorables dans la journée pour pratiquer des opérations chirurgicales. Car, c'est prouvé, chaque cellule de notre corps possède des gènes « horloge » qui lui dictent à quel moment elle doit être active et à quel moment elle doit se reposer. **Les progrès de la médecine ne cessent de nous surprendre.**

Elsa, 6 ans, entre dans la chambre de ses parents pour leur dire bonne nuit. Son papa est seul dans le lit, et elle remarque une grosse bosse sous les draps :

– « C'est quoi, ça, papa ? » demande-t-elle naïvement.

– Heu… Ce n'est rien, ma fille. Va juste dire à ta mère, qui est dans la salle de bains, que la tente est montée.

Elsa va donc voir sa maman :

– Maman, maman ! Papa m'a dit de te dire que la tente est montée !

– Ah oui ? Eh bien, va dire à ton père que, malheureusement, le campeur saigne du nez !

RRR
ZZZ...

Un policier m'a arrêté
lors d'un contrôle routier.
Il m'a dit : « Vous avez les
yeux rouges. Vous avez bu ? »
Et je lui ai répondu : « Vous
sentez le poulet. Vous sortez
d'un KFC ? » Et on a ri, on a ri !

Maintenant, j'ai besoin d'argent
pour ma caution…

JEUX

SUDOKU

		2	3			7		
	9		1	5				
		6			7	5		
	2							
	1		5	9	3		4	
							9	
		5	8			2		
				4	6		1	5
		1			5	6		

Solution page 607

D'où vient l'expression « C'est la zone ! » ?

Le mot zone vient du latin ***zona,*** qui veut dire « ceinture ». Autrefois, les indigents avaient l'autorisation de loger à proximité des remparts des villes fortifiées à la condition que ces habitations puissent être évacuées très rapidement en cas d'urgence. Elles étaient donc faites de bric et de broc. De nos jours, ce mot désigne les quartiers marginaux.

Devinette :

Qu'est-ce qui est jaune et qui n'attend pas 2 putain de minutes que j'ai le temps de répondre et qui te laisse un avis de passage ?

QU'EST-CE QUI EST JAUNE, BRIDÉ ET QUI N'EST PAS ASIATIQUE ?

Solution : Une mobylette de La Poste.

Zinedine Zidane a rencontré son épouse **Véronique** sur l'air de *Les Sunlights des tropiques*...

Michael Jackson avait proposé à **Prince** (son rival de l'époque) un duo sur la chanson et le clip Bad. Prince avait refusé...

CARRÉ MAGIQUE

DIFFICILE

Obtenez la somme de **268** sur toutes les lignes horizontales et verticales !

2		55		18	45	23	48
9		4	59	41	46	20	
	3	65	6	28	35		22
	8	58	5	31		26	37
15	56	10			24	42	21
12	51	17	54		19	33	38
57	14		11	25	30		43
50	61	7	16	34		39	

Solution page 620

Humour

Julien entre dans une pharmacie et s'adresse à la pharmacienne :

– Bonjour madame. Voilà… J'ai mal à la bite. Je voudrais une pommade pour calmer la douleur.

Comme il y a beaucoup de monde dans l'officine, la pharmacienne est un peu gênée et prend Julien à part :

– Écoutez, monsieur, j'ai ce qu'il vous faut. Mais, je vous en prie, la prochaine fois que vous avez un tel problème, dites que vous avez mal au bras et faites-moi un clin d'œil. Je comprendrai…

La semaine suivante, Julien revient. Il s'approche de la pharmacienne et lui dit, tout en faisant un clin d'œil :

– Le bras, ça va mieux. Mais maintenant, j'ai mal aux couilles !

Ça dure combien, en fait, « des lustres » ?

Cinq ans ! Ni plus ni moins. Dans la Rome antique, ce mot désignait un sacrifice ayant lieu tous les 5 ans. Et, depuis le Moyen Âge, « des lustres » signifie une période de 5 ans.

JEUX

MOTS MÊLÉS

Marques de chaussures

Saurez-vous retrouver chacun des mots cachés dans ce tableau ?

Les mots peuvent être écrits horizontalement, verticalement, en diagonale ou à l'envers.

Mots à trouver :

1) ADIDAS
2) ARMISTICE
3) ASICS
4) CAMPER
5) CONVERSE
6) CROCS
7) DIESEL
8) ESPRIT
9) ESSENTIEL
10) GEOX
11) HAVAIANAS
12) KICKERS
13) NIKE
14) PUMA
15) REEBOK
16) ROSSELLA
17) SUPERDRY
18) TEVA
19) UGG
20) VOLTAN

JEUX

<table>
<tr><td>V</td><td>C</td><td>D</td><td>I</td><td>E</td><td>S</td><td>E</td><td>L</td><td>Z</td><td>A</td><td>R</td><td>O</td><td>S</td><td>S</td><td>E</td><td>L</td><td>L</td><td>A</td><td>K</td><td>Ç</td></tr>
<tr><td>X</td><td>F</td><td>H</td><td>G</td><td>X</td><td>J</td><td>E</td><td>H</td><td>G</td><td>R</td><td>Z</td><td>Q</td><td>X</td><td>F</td><td>Q</td><td>L</td><td>X</td><td>V</td><td>G</td><td>N</td></tr>
<tr><td>P</td><td>G</td><td>W</td><td>V</td><td>Ç</td><td>M</td><td>O</td><td>U</td><td>F</td><td>M</td><td>G</td><td>E</td><td>Z</td><td>C</td><td>A</td><td>E</td><td>O</td><td>F</td><td>L</td><td>G</td></tr>
<tr><td>T</td><td>K</td><td>R</td><td>Z</td><td>A</td><td>Z</td><td>T</td><td>I</td><td>T</td><td>I</td><td>A</td><td>H</td><td>E</td><td>Q</td><td>A</td><td>L</td><td>E</td><td>F</td><td>A</td><td>O</td></tr>
<tr><td>Ç</td><td>X</td><td>I</td><td>L</td><td>D</td><td>E</td><td>C</td><td>W</td><td>M</td><td>S</td><td>F</td><td>I</td><td>Z</td><td>A</td><td>T</td><td>P</td><td>G</td><td>S</td><td>X</td><td>H</td></tr>
<tr><td>E</td><td>O</td><td>Z</td><td>C</td><td>X</td><td>Z</td><td>Y</td><td>R</td><td>S</td><td>T</td><td>Ç</td><td>L</td><td>P</td><td>A</td><td>X</td><td>W</td><td>I</td><td>W</td><td>C</td><td>A</td></tr>
<tr><td>Q</td><td>C</td><td>I</td><td>J</td><td>K</td><td>P</td><td>P</td><td>Q</td><td>O</td><td>I</td><td>Z</td><td>H</td><td>N</td><td>K</td><td>J</td><td>C</td><td>N</td><td>K</td><td>C</td><td>M</td></tr>
<tr><td>Y</td><td>O</td><td>S</td><td>R</td><td>I</td><td>E</td><td>G</td><td>X</td><td>K</td><td>C</td><td>S</td><td>N</td><td>W</td><td>G</td><td>S</td><td>N</td><td>R</td><td>A</td><td>K</td><td>S</td></tr>
<tr><td>S</td><td>I</td><td>G</td><td>R</td><td>I</td><td>Z</td><td>R</td><td>H</td><td>E</td><td>E</td><td>S</td><td>H</td><td>L</td><td>N</td><td>A</td><td>I</td><td>M</td><td>Z</td><td>U</td><td>U</td></tr>
<tr><td>E</td><td>C</td><td>P</td><td>X</td><td>M</td><td>A</td><td>L</td><td>S</td><td>O</td><td>S</td><td>E</td><td>T</td><td>G</td><td>N</td><td>U</td><td>P</td><td>T</td><td>G</td><td>N</td><td>P</td></tr>
<tr><td>S</td><td>O</td><td>C</td><td>J</td><td>N</td><td>I</td><td>K</td><td>E</td><td>D</td><td>C</td><td>S</td><td>R</td><td>U</td><td>N</td><td>E</td><td>U</td><td>G</td><td>L</td><td>H</td><td>E</td></tr>
<tr><td>P</td><td>V</td><td>J</td><td>A</td><td>Y</td><td>G</td><td>K</td><td>Z</td><td>P</td><td>N</td><td>I</td><td>E</td><td>J</td><td>R</td><td>E</td><td>M</td><td>M</td><td>A</td><td>J</td><td>R</td></tr>
<tr><td>R</td><td>E</td><td>H</td><td>N</td><td>C</td><td>Q</td><td>J</td><td>O</td><td>C</td><td>W</td><td>L</td><td>Ç</td><td>N</td><td>T</td><td>I</td><td>A</td><td>V</td><td>L</td><td>Y</td><td>D</td></tr>
<tr><td>I</td><td>B</td><td>B</td><td>Y</td><td>D</td><td>O</td><td>L</td><td>U</td><td>B</td><td>L</td><td>S</td><td>Z</td><td>S</td><td>T</td><td>B</td><td>A</td><td>Z</td><td>C</td><td>X</td><td>R</td></tr>
<tr><td>T</td><td>J</td><td>U</td><td>L</td><td>Y</td><td>T</td><td>N</td><td>D</td><td>V</td><td>E</td><td>P</td><td>J</td><td>O</td><td>S</td><td>I</td><td>I</td><td>G</td><td>S</td><td>L</td><td>Y</td></tr>
<tr><td>C</td><td>E</td><td>Y</td><td>A</td><td>T</td><td>I</td><td>D</td><td>V</td><td>H</td><td>Q</td><td>E</td><td>G</td><td>U</td><td>A</td><td>N</td><td>E</td><td>A</td><td>W</td><td>A</td><td>R</td></tr>
<tr><td>D</td><td>T</td><td>O</td><td>E</td><td>E</td><td>Ç</td><td>K</td><td>G</td><td>E</td><td>Ç</td><td>S</td><td>R</td><td>N</td><td>U</td><td>Z</td><td>D</td><td>L</td><td>P</td><td>N</td><td>M</td></tr>
<tr><td>P</td><td>C</td><td>V</td><td>R</td><td>E</td><td>U</td><td>L</td><td>Q</td><td>H</td><td>R</td><td>K</td><td>A</td><td>B</td><td>M</td><td>I</td><td>B</td><td>O</td><td>C</td><td>L</td><td>S</td></tr>
<tr><td>M</td><td>A</td><td>L</td><td>Z</td><td>I</td><td>Z</td><td>L</td><td>D</td><td>S</td><td>B</td><td>S</td><td>N</td><td>W</td><td>D</td><td>D</td><td>A</td><td>Z</td><td>J</td><td>Y</td><td>Z</td></tr>
<tr><td>I</td><td>U</td><td>Y</td><td>R</td><td>Z</td><td>S</td><td>I</td><td>W</td><td>Z</td><td>V</td><td>F</td><td>E</td><td>A</td><td>Ç</td><td>Ç</td><td>S</td><td>V</td><td>C</td><td>I</td><td>G</td></tr>
</table>

Solution page 616

Pour construire un seul kilomètre d'une autoroute, il faut débourser plus de **6** millions d'euros ! En montagne, ça se corse encore plus : **42** millions d'euros pour un kilomètre d'autoroute. Voilà pourquoi les péages sont aussi chers ! D'ailleurs, un quart des recettes des péages servent à rembourser les intérêts des emprunts… Finalement, qui s'enrichit encore et toujours ?

350 millions de litres chaque jour ! **4 000 litres** chaque seconde ! Devinez ce que c'est. C'est le **Coca-Cola** bu dans le monde ! Sachant que, dans chaque bouteille de **2 litres,** on retrouve l'équivalent de **42,5 morceaux de sucre (212 grammes),** on vous laisse imaginer les dégâts et décider de continuer à en boire ou pas.

PENDU

Pour ceux qui ne vont pas seuls aux toilettes…
Trouvez le mot correspondant avant que le bourreau ne vous pende…
À chaque erreur un trait se dessine.

P _ _ _ _ _ _ _ E

Solution : POUFIASSE

Le saviez-vous ?

Le script original d'*Alien* dévoile que le sexe des héros principaux n'était pas déterminé : ils étaient tous un homme ou une femme, sans que cela influe sur le scénario. Finalement, c'est le casting et le jeu de Sigourney Weaver qui ont déterminé que le personnage principal serait une femme.

LABYRINTHE

MOYEN

Je me trouvais
nul en cuisine à cause
d'**Instagram**.

Désormais, je trouve
ma déco nulle à chier
à cause de **Pinterest**.

Je n'ose pas aller
sur **YouPorn**.

Johannes Mallow…

Vous ne savez pas qui c'est ?
C'est l'homme qui détient le record de dates historiques mémorisées en **5** minutes, **132** plus précisément. Il a démontré ses « pouvoirs » extraordinaires lors du Concours de mémoire organisé en Suède en **2011.**

DE QUELLE COULEUR EST UN CAMÉLÉON QUI SE REGARDE DANS UN MIROIR ?

QUIZ

Avant d'apparaître sur le petit écran en super-héroïne amazone, Lynda Carter, alias Wonder Woman, a été élue :

a. Miss Univers
b. Meilleur second rôle féminin à la cérémonie des Oscars
c. Miss Monde pour les États-Unis
d. Maire de Carson City

Solution : c. Miss Monde pour les États-Unis.

CHAMEAU À TROIS BOSSES

Au moment où vous tombez amoureux, 12 régions du cerveau s'activent pour l'élu de votre cœur.

Aucun homme n'est jamais assez fort pour ce calcul.

AUCUN HOMME N'ÉJACULE ASSEZ FORT POUR SE CALMER.

– Vous avez des céréales halal ?

– Oui. Mais j'ai aussi des tartines titine et de la confiture tuture.

Le TOP 10 des plus gros propriétaires de terres au monde !

10e : AA Company (société) possède 5 929 049 hectares en Australie.

9e : Abdullah II (souverain), 8 933 840 hectares en Jordanie.

8e : Kidman Holdings (Particuliers), 9 712 455 hectares en Australie.

7e : Gyanendra Bir Bikram (souverain), 14 677 544 hectares au Népal.

6e : Qabus ibn Said (souverain), 30 756 109 hectares dans le Sultanat d'Oman.

5e : Bhumidol Adulyadej (souverain), 51 310 902 hectares en Thaïlande.

4e : Mohammed VI (souverain), 71 089 120 hectares au Maroc.

3e : Le Pape François (souverain pontife), 71 629 359 hectares au Vatican et dans le monde.

2e : Le Roi Abdallah (souverain), 221 363 046 hectares en Arabie Saoudite.

1ère : Elisabeth II (souverain), 2 670 925 239 hectares au Royaume Uni et dans le monde ce qui représente 5% de la planète !

Le saviez-vous ?

Près de 1 Français sur 3 avoue avoir eu une relation amoureuse dans le travail. Comme quoi, le bureau est le lieu propice aux rencontres. À ne pas négliger, si vous êtes célibataire !

QUI A PLUS DE MÉMOIRE QUE TOI ?

Solution : Celui à qui tu dois de l'argent !

Humour

Après une soirée en discothèque, Laurent ramène sa conquête du soir à la maison. Après les quelques préliminaires, il se déshabille et passe rapidement à l'action. Mais au bout d'un moment, la fille est prise d'un sacré fou rire.

Laurent lui demande :

– Mais, qu'est-ce qui se passe ?

– C'est votre organe… Il paraît vraiment petit.

– Oui. C'est parce que je n'ai pas l'habitude de jouer dans des cathédrales…

JEUX

SUDOKU

				7	9			1
		7						2
	9			1			3	
								5
5	8	1		9		4	7	6
2								
	4			5			2	
3						8		
8			1	2				

Solution page 607

Les Simpson sont réels

Matt Groening, le créateur des ***Simpson,*** s'est inspiré de sa propre famille pour nommer les personnages de la famille Simpson :

- **Homer** porte le prénom de son père.
- **Marge** porte le prénom de sa mère, Margaret.
- **Lisa** porte le prénom d'une de ses sœurs.
- **Maggie** porte le prénom d'une autre de ses sœurs, Margaret.
- **Bart,** quant à lui, est le seul prénom inventé : il est dérivé de ***brat,*** qui veut dire « morveux », en anglais.

– Tu ne devrais pas publier des photos de ton bébé sur Facebook et Instagram…

– Pour le protéger des pédophiles ?

– Non. Parce qu'il est moche.

À QUOI RECONNAÎT-ON UNE CAGOLE QUI JOUE À LA PÉTANQUE ?

Solution : C'est celle qui essaie de faire des têtes !

Metallica est le seul groupe à avoir joué sur tous les continents.

Hugh Jackman a été clown pour les fêtes d'anniversaire pendant 3 ans, avant de devenir acteur. Il s'appelait Coco le clown !

Elvis Presley a eu un frère jumeau mais, hélas, mort-né. Son nom ? Jesse Garon Presley.

Bob Marley a eu 3 enfants en 4 semaines de 3 femmes différentes : Le 20 avril 1972, Stephen. Le 16 mai, Robert. Le 19 mai, Rohan. Bob Marley a eu 11 enfants durant toute sa vie.

Le fondateur de la société Fender, **Léo Fender,** a créé la plus célèbre guitare au monde. Mais il n'a jamais été musicien et ne savait même pas accorder une guitare !

Il y a une phrase qui m'énerve plus que tout :

« Il faut voir le bon côté des choses. »

Style, si tu tombes d'un escalier, tu dois te dire : COOL, je suis déjà en bas ?!

Les animaux pètent… Et ce n'est pas bon du tout pour la planète !

- L'élevage, dans le monde, émet plus de gaz à effet de serre que les transports. Il est responsable de **14,5 %** des émissions de gaz, selon l'Organisation des Nations unies pour l'alimentation et l'agriculture.
- Les bovins émettent **2 495** millions de tonnes équivalent **CO_2**, les cochons, **668** millions, les poulets, **612** millions, et les ovins, **474** millions.

Whaou ! Qui aurait pensé à ça ?!

Le café qui noircit

- 250 grammes de capsules Nespresso ou d'un quelconque concurrent génèrent dix fois plus de déchets qu'un paquet de café moulu du même poids !
- Si l'on compte quatre tasses par jour, le budget annuel de café en grains ou de café moulu se situe entre 160 et 190 euros. Pour le café en capsules et en dosettes, il faut compter plus de 450 euros !

PENDU

Pour ceux qui ne vont pas seuls aux toilettes…
Trouvez le mot correspondant avant que le bourreau ne vous pende…
À chaque erreur un trait se dessine.

U _ _ _ _ _ _ _ _ _ E

Solution : UKRAINIENNE

OK, tu n'as pas le sens de l'ironie. Mais si je t'envoie te faire enculer, j'espère au moins que tu auras le sens de l'orientation !

TU M'AIMERAS ENCORE QUAND JE SERAI VIEILLE ET MOCHE ?
C'EST VRAI QU'EN PLUS DE GROSSE ET CONNE ÇA RISQUE DE FAIRE BEAUCOUP !

LABYRINTHE

DIFFICILE

Sachant que le
battement d'ailes
d'un papillon peut
provoquer une tornade,
il faut vraiment être
irresponsable pour faire
l'hélicoptère avec
sa bite !

Le saviez-vous ?

La peur des serpents est innée !

La crainte des araignées et des reptiles serait innée, selon des chercheurs de l'Institut Max-Planck, en Allemagne, et de l'université d'Uppsala, en Suède. Ils ont montré des images de serpents et d'araignées à des bébés de six mois. Les pupilles des petits s'élargissant de façon significative (signe de stress interne) sans avoir conscience des dangers liés à ces animaux, les scientifiques ont conclu que ce mécanisme de défense serait inné. Il y a même des chercheurs qui prétendent que cette peur se transmet génétiquement.

QUAND UNE VOITURE ROULE, L'AIR À L'INTÉRIEUR DES PNEUS TOURNE-T-IL ?

Le saviez-vous ?

Un cafard peut vivre sans sa tête durant 9 jours !

COMMENT APPELLE-T-ON LES PARENTS DE L'HOMME INVISIBLE ?

Solution : Les transparents !

Le lundi, je suis comme Robinson Crusoé. J'attends Vendredi !

JEUX

SUDOKU

	6				9	2		4
7		3						
	8		3		5			1
		4	8			3		5
8		5			3	4		
9			5		6		1	
						9		3
1		8	2				4	

Solution page 607

UN TÉMOIN À LA BARRE

QUELLE EST LA DIFFÉRENCE ENTRE UN MÉGALOMANE, UN MYTHOMANE ET UN PSYCHIATRE ?

Solution : Le mégalomane construit des châteaux en Espagne, le mythomane croit les habiter et le psychiatre empoche les loyers.

Le saviez-vous ?

Saviez-vous que les requins blancs mâles possèdent 2 pénis ? Néanmoins, rassurez-vous, 1 seul d'entre eux est utilisé lors de l'accouplement. Les lézards et les serpents ont la même particularité, appelée « hémipénis ». Ces organes sexuels se situent à l'intérieur du corps, vers la base de la queue.

Arriver
à Béziers la
veille.

ARRIVER
À BAISER LA
VIEILLE.

Le saviez-vous ?

Un record incroyable !

En mars 1981, lors des sélections de Roland-Garros, 2 jeunes joueuses ont échangé 989 fois la balle : **le point a duré 1 heure 19 minutes !**

POURQUOI LE 5 A-T-IL PEUR DU 6 ?

Solution : Que vous êtes stupide. Il n'a pas peur du 6. Les chiffres n'ont pas de sentiments et sont donc incapables de ressentir une quelconque peur !

Humour

La scène se passe au tribunal.

Momo, le prévenu, dit au juge, qui a l'air bien sévère :

– Monsieur le juge, je vous signale que la plupart des femmes aimeraient avoir un mari qui leur ouvre la portière de la voiture par galanterie. C'est pourquoi, Monsieur le juge, je ne comprends pas que la mienne ait porté plainte pour ce geste attentionné.

– Monsieur ! Je ne pense pas que votre geste était vraiment guidé par la galanterie en lui ouvrant la portière sur l'autoroute à 140 km/h !

QUELLE DIFFÉRENCE Y A-T-IL ENTRE UNE FEMME FIDÈLE ET UNE FEMME INFIDÈLE ?

Solution : La première a des remords, l'autre des regrets...

QUAND DEUX HOMMES INVISIBLES SE DONNENT RENDEZ-VOUS

Deux potes discutent au comptoir d'un café :

– Je suis dégoûté !

– Qu'est-ce qui se passe ?

– Mon fils a mis sa nounou enceinte !

– Quoi ?! Mais… mais il n'a pas l'âge de…

– Non ! Mais il a percé tous mes préservatifs !

Le saviez-vous ?

**Comment dire...
Cinq cents grammes d'insectes pour ce midi ça vous tente ? Non ? Pourtant c'est ce que vous ingurgitez chaque année sans même vous en rendre compte. Il s'agit non seulement de ceux avalés accidentellement, mais aussi de tous les colorants alimentaires fabriqués avec des insectes, comme, par exemple, la cochenille...**

SI TU MEURS PENDANT UN ORGASME, TU ES PARTI OU TU ES VENU ?

QUEL EST LE POINT COMMUN ENTRE « INTERVILLES » ET UN TAMPAX USAGÉ ?

Solution : Le fil rouge !

Anagrammes de titres de film

LA BOUM = MABOUL

CONVERSATION SECRÈTE = CINÉASTE CONTROVERSE

TAXI DRIVER = AVERTIR DIX

TERMINATOR = RANIMER TÔT

MR KLEIN = KREMLIN

LÉON = NOËL

QUANTUM OF SOLACE = LE COQ FOU AMUSANT

JURASSIC PARK = JACK SUR PARIS

LA MORT AUX TROUSSES = SALUT, MAESTROS ROUX

IL ÉTAIT UNE FOIS EN AMÉRIQUE = L'OIE FINEMENT EURASIATIQUE

ALIEN ? AH ! = LA HAINE

MONSTRES ACADEMY = MANTRA DES MYCOSES

PARIS TEXAS = SEX IS APART

RESIDENT EVIL = DENSE ET VIRIL

Humour

LE SEIGNEUR DES ANNEAUX = LUNES DE SEXAGÉNAIRE NU

LES RAISINS DE LA COLÈRE = LES OREILLES DE CANARIS

LE SIXIÈME SENS = SEXES ÉLIMINÉS

LES CHOSES DE LA VIE = LES VACHES DE L'OISE

LES TEMPS MODERNES = LES POMMES TENDRES

OUT OF AFRICA = FAIT À CORFOU

DANSE AVEC LES LOUPS = POULE DANS LES CAVES

L'AUBERGE ESPAGNOLE = BUG : SALOPE GÉNÉRALE

MAN OF STEEL = MELON FASTE

LE VOYAGE DANS LA LUNE = NOUVELLE SANDALE GAY

FAST AND FURIOUS = SAISON DU RAFFUT

GAZON MAUDIT = UN MOT A ZADIG

GONE GIRL = IL GROGNE

L'ARMÉE DES OMBRES = EMMERDER LES BOAS

LE DOCTEUR MABUSE = DAME ! TUBERCULOSE…

DRÔLES D'OISEAUX = DIX SOLES À ODEUR

Humour

LE LOUP DE WALL STREET = LE SLOW ET LE PALET DUR

JEAN DE FLORETTE = JE DÉFLORE TANTE

L'ORIGINE DU MONDE = RELIGION DU DÉMON

GRÂCE DE MONACO = MÉGA ACCORDÉON

MÉTROPOLIS = MOI ? LE SPORT ?

CHANTONS SOUS LA PLUIE = TOUCHONS L'ANUS À PILES

LA VIE EST BELLE = ABEILLE SVELTE

L'ÂGE DE GLACE, LES LOIS DE L'UNIVERS = LE GÉNOCIDE ILLEGAL DES VALSEURS

LES MISÉRABLES = IL LES EMBRASSE

INGLOURIOUS BASTERDS = LUNDIS SUBROGATOIRES

APOCALYPSE NOW = PAPY A OSÉ CLOWN

SUR LA ROUTE DE MADISON = UN DROMADAIRE EST SOÛL

LE PARRAIN = LAPIN RARE

SISTER ACT = CASTRISTE

LES GARDIENS DE LA GALAXIE = LA GALÈRE DE DIX ANGLAISES

JASON BOURNE = UN BANJO ROSE

BOUHOU
HOUHOU
...

Sur les traces du crayon

Avec un crayon à papier standard, on pourrait tracer une ligne de 55 kilomètres environ, soit la distance séparant Montpellier de Nîmes…

Peux-tu ôter ta lampe, que je guette ?

PEUX-TU ÔTER TA LANGUE, QUE JE PÈTE ?

Je fais tellement
peu l'amour que
quand j'entends « 69 »,
je pense d'abord à
la racine carrée
de 4761 !

Le saviez-vous ?

Pour concevoir un bébé, les études montrent qu'il faut en moyenne 104 rapports sexuels. Ceci signifie 4 actes intimes par semaine pendant 6 mois.

What else ?

JE VIENS DE DIVORCER DE MA FEMME ANOREXIQUE. DOIS-JE LUI VERSER UNE PENSION ALIMENTAIRE ?

Humour

Au bar de l'hôtel Crillon, Robert, un grand costaud, commande une bière. Soudain, il est pris d'une envie pressante. L'idée lui vient d'écrire sur un morceau de papier, qu'il laisse en évidence à côté de son verre : « Ce verre appartient au champion de boxe des mi-lourds. »

Il part vite aux toilettes.

Lorsqu'il revient, il voit immédiatement que quelqu'un a vidé son verre !

Sur le papier, il voit cette inscription : « Ce verre a été bu par un champion olympique du 100 mètres ! »

Selon les statistiques, chaque jour environ 1 million de Français vont chez le coiffeur. Un métier fait pour durer !

Les nouilles,
c'est pas pour les
boxeurs.

LES COUILLES,
C'EST PAS POUR LES
BONNES SŒURS.

Pour trouver l'amour, il faut bricoler !

Une enquête réalisée par le magasin de bricolage Weldom donne des résultats étonnants : 1 Français sur 2 pense pouvoir trouver l'âme sœur en bricolant. Comment ? En augmentant son pouvoir de séduction grâce à son tournevis et à sa mallette à outils. Probablement en se sentant plus masculin, notre bricoleur déclenche le pouvoir de séduction et prend plus l'initiative auprès de la gent féminine…

À QUELLE QUESTION NE PEUT-ON JAMAIS RÉPONDRE OUI ?

Solution : – Dors-tu ?

L'acte sexuel prolonge
l'espérance de vie.

À toutes ces personnes
qui se sont refusées
à moi :

VOUS AUREZ
MA MORT SUR LA
CONSCIENCE !

Le saviez-vous ?

Cléopâtre et son origine africaine

Jusque-là, on savait que Cléopâtre était Grecque, descendant d'une dynastie originaire de la Macédoine… **Mais il y a du nouveau : la très célèbre reine d'Égypte Cléopâtre VII aurait eu du sang africain ! C'est une découverte sensationnelle que des chercheurs ont fait grâce aux études de restes humains d'une des sœurs de Cléopâtre, la princesse Arsinoé IV.** Retrouvé dans une tombe en Turquie, son crâne a fait l'objet d'une analyse qui a mis en avant des caractéristiques africaines, ce qui laisse penser que Cléopâtre avait, elle aussi, des origines africaines. « *Le fait qu'Arsinoé avait une mère africaine est réellement sensationnel et jette une nouvelle lumière sur la famille de Cléopâtre* », a déclaré la chercheuse Hilke Thuer, de l'Académie des sciences autrichienne.

Bernard rend visite à son pote Dany, qu'il n'a pas vu depuis bien longtemps et qui est devenu un grand fabricant de préservatifs. Bernard arrive dans la somptueuse villa de Dany et celui-ci est entouré de 25 enfants :

– Eh bien, mon ami… Quelle progéniture ! Je suis ravi pour toi. Par contre, pour la publicité de tes produits, on ne peut pas dire que c'est une référence !

– Mais ce ne sont pas mes enfants. Ils proviennent du service après-vente !

Aux USA, un lundi matin… Deux prisonniers discutent :

– J'ai braqué une banque et j'en ai pris pour 20 ans !

– Eh bien, moi, j'ai massacré et tué une famille de six personnes et je ne reste que trois jours.

– Comment ça ?! Vingt ans pour un braquage et toi seulement trois jours pour avoir tué toute une famille ?

– Euh, oui… Je passe sur la chaise électrique jeudi, à l'aube.

QUEL PETIT NOM DONNE-T-ON AU MAJEUR DE LA MAIN ?

Solution : « Whiskas », parce que les chattes difficiles adorent Whiskas !

Le saviez-vous ?

La pieuvre a 8 bras et 3 cœurs ! Les petites bêtes tels que les vers, les mille-pattes, les cafards et les araignées représentent environ 80 % du poids de tous les animaux terrestres.

Bonaparte, un grand combattant !

Contrairement aux idées reçues, Napoléon Bonaparte n'était pas de si petite taille. Il mesurait **1,68 mètre.** Certes, ce n'est pas très grand, mais au début du XIXe siècle, les hommes n'étaient pas beaucoup plus grands. Bonaparte était tout simplement de taille moyenne pour son époque, voire dans la moyenne supérieure. **Le mythe de sa petite taille tient au fait qu'il était plus petit que les soldats de sa Garde impériale, justement choisis pour leur grande taille.**

– Putain ! J’en tenais une belle, hier soir ! Quelle cuite d’enfer ! À 3 heures du mat, je suis rentré dans la porte du garage !

– T’as bousillé ta caisse ?

– Non, une chance... J’étais à pied.

Chez la femme,
le cou est bien
près du tronc.

**CHEZ LA FEMME,
LE CON EST BIEN
PRÈS DU TROU.**

PLAN DE TOMATE

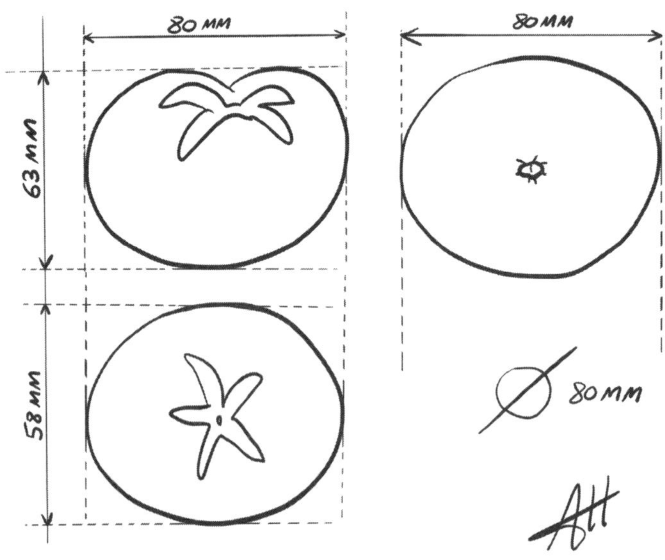

Humour 

Léon, 8 ans, demande à son papa :

– Papa, papa ! Fais-moi le chien !

– Arrête un peu, Léon. Tu m'embêtes avec ça.

– Papa ! Papa ! Fais-moi le chien !

Excédé, le père s'exécute et se met à quatre pattes pour faire plaisir à son fiston d'amour :

– Alors ? T'es content ?

– Aboie maintenant !

– Ça suffit, maintenant, Léon !

– Aboie !

– OK… OK, fait le père exaspéré. Ouaf ! Ouaf !

Tout à coup, le gamin assène un violent coup de pied à son père, qui se tord de douleur, et dit :

– Mais c'est qu'elle mordrait, cette sale bête !

Quelle est la différence entre « vénéneux » et « venimeux » ?

- L'adjectif « vénéneux » vient du latin ***venenum,*** qui signifie « poison ». Il désigne les végétaux dangereux par contact ou ingestion parce qu'ils contiennent du poison.
- L'adjectif « venimeux » qualifie les animaux qui produisent du venin et les organes qui le sécrètent (crochets, aiguillons, etc.).

JÉSUS RESSUSCITÉ, DOIT-IL PAYER L'IMPÔT SUR LE REVENU ?

Sophie regarde son fils qui fête ses 18 ans, aujourd'hui.

Elle se retourne vers son mari Luc :

– Luc, tu ne trouves pas que notre enfant ne ressemble ni à toi ni à moi ?

– Je sais, ma chérie… Et c'est normal. Souviens-toi : quand il a fait caca à la maternité, tu m'as demandé de le changer.

Thé ou café ?

Chaque seconde, environ 6 000 tasses de thé sont bues dans le monde contre environ 2 000 tasses de café !

Kronenbourg
à la poste.

**CHRONOPOST
À LA BOURRE.**

Humour

Hugo roule à 110 km/h sur la nationale lorsqu'un poulet à 3 pattes le dépasse ! Puis un deuxième, puis un troisième...

Hugo n'en croit pas ses yeux et s'arrête sur le bas-côté.

C'est toute une bande de poulets à 3 pattes qu'il voit passer en trombe devant lui pour aller rejoindre le poulailler à une centaine de mètres de-là...

Hugo se rend dans la ferme et interpelle le paysan :

– Monsieur ! Monsieur ! C'est incroyable, ce que j'ai vu... Des poulets à 3 pattes !

– Je sais, ce sont mes poulets.

– Mais ils ont 3 pattes !

– Bah, vous savez, nous, dans le poulet, on n'aime que les cuisses, alors...

– Et vous en mangez souvent ?

– Ben non. On n'arrive pas à les attraper !

Lucie pose une devinette à Fred, son mari :

– Quelle est la différence entre toi et tes trois meilleurs amis ?

– Je ne sais pas…

– Au moins cinq centimètres !

On peut désormais guérir scientifiquement d'un chagrin d'amour !

On n'est plus obligé de se contenter de **« laisser du temps au temps »** pour sortir d'un chagrin amoureux. Fini le ventre qui se tord de douleur : le cachet contre la tristesse d'une rupture sentimentale, ça existe ! Ou presque, mais peu importe, tant que ça marche ! Une récente enquête sur 40 volontaires menée par l'université du Colorado démontre que la douleur liée à une séparation sentimentale pouvait être diminuée grâce à un **placebo** (faux médicament administré à un patient sans qu'il sache qu'il est faux). Les zones du cerveau activées par la douleur physique et émotionnelle étant similaires, la souffrance est donc réelle sur le plan neurochimique. Les scientifiques ont administré un placebo à la moitié des volontaires sous forme de spray nasal. **Ils se sont sentis mieux tout de suite !** Les autres participants ont également reçu du spray nasal, qu'ils savaient être de l'eau de mer : ils n'ont constaté aucun changement…

Un curé précis
refuse toujours
le tennis.

UN CUL RÉTRÉCI
REFUSE TOUJOURS
LE PÉNIS.

Le nouvel iPhone X
possède la reconnaissance
faciale.

Chers lecteurs du
WC BOOK, ayons tous
une pensée pour toutes ces
filles qui seront dans l'incapacité
de débloquer leur mobile une
fois démaquillées !

On rougit… de l'intérieur !

Saviez-vous que, lorsque vous rougissez par gêne ou à cause d'une autre émotion forte, vos joues rougissent, mais pas que ! La même chose se produit… dans votre estomac !

Humour

Quelques histoires belges, en sachant que nous adorons nos lecteurs belges !

Un automobiliste belge se fait arrêter par la douane volante :

– Bonjour monsieur, dit le douanier. Tabac, alcool ?

– Non, merci. Une bière et des frites, s'il vous plaît !

Pourquoi les bus belges sont-ils plus larges que longs ?

Parce que tout le monde veut s'asseoir à côté du chauffeur !

Comment reconnaît-on un voleur belge au casino ?

C'est celui qui s'enfuit avec les jetons !

Que deviennent les anciens camions de pompiers belges ?

Ils les conservent pour les fausses alertes.

Pourquoi les Belges marchent-ils le dos courbé ?

Parce qu'ils portent des cravates à pois !

QUE FERAIENT LES HOMMES, S'ILS AVAIENT UN VAGIN ?

Solution : Ils frimeraient sur la taille de leurs tampons !

Les pigeons, superintelligents ?

Malgré leur cervelle de petite taille, les pigeons sont dotés d'une capacité plus multitâche que les humains.

Le professeur du petit Léo, 7 ans, convoque sa mère :

– Madame, votre fils ne pense qu'aux filles !

– Je sais, répond la mère. J'ai le même souci avec son papa.

Le saviez-vous ?

Deux infos sur *Star Wars* que vous ne saviez pas :

• **R2-D2 :** Tout le monde connaît le petit robot tout mignon de ***Star Wars,*** R2-D2. Mais saviez-vous qu'il doit son nom à un des ingénieurs-son de George Lucas ? Lors du montage du film ***American Graffiti,*** ce dernier demanda la bobine 2 du dialogue 2, ce qui, en abrégé, donnait R2-D2 (Reel 2/Dialogue 2). L'abréviation séduisit immédiatement George Lucas, qui la réutilisa plus tard pour son personnage.

• Le texte défilant au début des films ***Star Wars*** n'est pas une idée de Georges Lucas mais du réalisateur Brian de Palma, qui, en visionnant un des premiers montages du premier épisode, ne comprît rien à l'histoire. Il suggéra ainsi cette idée d'introduction « plus que nécessaire » à Lucas.

Le saviez-vous ?

La lèpre (ou maladie de Hansen)
est une maladie infectieuse chronique
touchant le système nerveux et affectant
la peau et les muqueuses. Provoquée par
la bactérie ***Mycobacterium leprae,***
elle est considérée comme d'époque
moyenâgeuse mais, malheureusement,
même de nos jours, elle touche
3 millions de personnes dans le monde.
En France, 250 cas ont été
signalés en Outre-mer.

POURQUOI, CHEZ LES ALCOOLIQUES ANONYMES, ON COMMENCE PAR SE PRÉSENTER ?

Humour

Gérard se présente chez son médecin :

– Do… Docteur. Je bébé… Je bébégggaye. Jjjjj'en pe… pe… peux plus ! Ça… Ça meumeu… meumeu… dé… déprime !

– Écoutez Robert, je vais vous faire un examen complet pour déterminer l'origine du problème d'élocution.

Trente minutes plus tard, le médecin donne son diagnostic :

– J'ai trouvé le problème et je ne vous cache pas que c'est assez ennuyeux…

– Que… Que… Quel est le… le… le prob… le problème ?

– Je ne vais pas y aller par quatre chemins : votre sexe est beaucoup trop long. Il exerce une grosse pression musculaire sur le bas-ventre et vos cordes vocales en souffrent terriblement.

– Que… Que… Que fai… Que faire, do… docteur ?

– Il faut vous retirer votre sexe et vous en greffer un bien plus court. Et tout devrait rentrer dans l'ordre.

– Gé… Gé… Génial ! C'est O… O… OK !

Le mois suivant, Gérard se fait donc opérer. Puis quinze jours après, il rend de nouveau visite à son médecin pour établir un premier bilan :

– Docteur, mon élocution n'a jamais été aussi bonne. Je tenais à vous remercier vivement d'avoir trouvé le problème. Mais j'ai, malgré tout, un gros souci : je préférais la situation d'avant. Voilà ce qui se passe : ma femme était folle amoureuse de moi avant l'opération. On faisait l'amour plusieurs fois par jour ! Mais maintenant que j'ai un sexe plus court, elle a pris ses distances… Au final, je me ficherais d'être bègue à nouveau. Je veux que l'on me réopère et que l'on me greffe mon ancien sexe.

Et le docteur lui répond :

– Ça, c'est pas… pas… po… po… po… possible !

Le saviez-vous ?

Si on reliait **Paris à New York** avec du papier toilette, il faudrait dérouler plus de **175 000 rouleaux.** On sait, on sait, ce sont des statistiques complètement idiotes…

La romancière
ne veut pas fâcher
le lecteur.

**LA ROMANCIÈRE
NE VEUT PAS LÉCHER
LE FACTEUR.**

Le saviez-vous ?

Le selfie a la cote !

Selfie par-ci, selfie par-là… Il y en a tellement que l'on a décortiqué les différentes manières de se prendre en photo. Voici les plus populaires :

• L'« after sex selfie »

Cela consiste tout simplement à se prendre en photo après l'amour.

• Le « belfie »

Contraction du mot *bum* (« le derrière », en anglais) et de selfie, le « belfie » consiste à prendre une photo de ses fesses. Kim Kardashian en est très fan.

• Le « bookshelfie »

Le « bookshelfie » est un selfie qui consiste à se prendre en photo avec sa bibliothèque en arrière-plan. Pour paraître plus intello ?

• Le « drelfie »

De *drunk* et selfie, c'est une photo de soi en état d'ivresse.

• Le « duckface »

C'est le selfie « bouche de canard », où l'on rapproche et allonge les lèvres.

• Le « delfie »

C'est un selfie de soi avec son chien.

• Le « felfie »

De *farmer* et selfie, ce selfie est réservé aux agriculteurs qui se prennent en photo avec leurs animaux ou leur tracteur.

Le saviez-vous ?

• Le « food selfie »

C'est prendre une photo d'un plat délicieux que l'on s'apprête à déguster.

• Le « GoPro selfie »

C'est un selfie réalisé en vidéo.

• Le « helfie »

De *hair* et selfie ; l'idée est de photographier sa nouvelle coiffure, coupe ou couleur.

• Le « relfie »

De *relationship* (« relation ») et selfie, qui se prend en amoureux.

• Le « nelfie »

C'est un selfie que l'on fait de soi nu.

• Le « legsie »

Le « legsie » consiste à prendre en photo ses jambes au bord d'une piscine ou de la plage.

• Le selfie avec des SDF

Sans commentaires.

• Le « snowfie »

De *snow* et selfie, c'est une photo que l'on fait dans la neige.

• Le « welfie »

De *workout* (« entraînement ») et selfie, le « welfie » consiste à se prendre en photo en faisant du sport et surtout à montrer ses muscles.

Savez-vous quelle
est la rue la plus longue
de Paris ?

C'est la rue de Vaugirard, avec ses fiers 4 360 mètres.

À l'entretien avec le DRH :

– Monsieur, quelle est votre expression préférée ?

– Je ne vous ai pas sonné !

– Vous êtes embauché. Bienvenue chez Chronopost !

QUEL EST LE POINT COMMUN ENTRE UN IMBÉCILE HEUREUX ET UN PAUVRE IMBÉCILE ?

Solution : Le premier a laissé partir sa femme avec le second !

L'objet le plus rapide du monde est...

Croyez-nous, ce n'est pas ce à quoi vous pensiez. L'objet le plus rapide jamais créé par l'Homme est... **une plaque d'égout !** En 1957, un essai nucléaire sous-terrain, aux États-Unis, a projeté une plaque d'égout à une vitesse incroyable à travers une colonne créée par l'explosion : près de 200 000 km/h, d'après les calculs de l'astrophysicien Robert Brownlee. **La plaque d'égout en question serait probablement en train de voyager, aujourd'hui encore, dans l'espace.**

Sophie va chez le médecin :

– Docteur (prout), à chaque fois (prout) que je parle (prout), je (prout) pète (prout).

Le docteur quitte la salle de consultation et va dans la pièce d'à côté, d'où il revient avec une longue tige métallique.

Sophie demande :

– Docteur (prout), est-ce (prout) que (prout) ça va me guérir ?

– Non, non... C'est juste pour ouvrir la fenêtre.

Plus de caca à la montagne

Saviez-vous que l'on va plus à la selle à la montagne ? Ceci est dû à la baisse de la pression atmosphérique, qui diminue avec l'altitude, tandis que la pression interne du corps reste la même. Ce phénomène provoque une dilatation des gaz intestinaux. Les scientifiques nomment ce phénomène ***High-Altitude Flatus Expulsion*** (HAFE).

QUEL EST LE DIAMÈTRE D'UN CERCLE VICIEUX ?

Sylvain, 57 ans, se plaint de sa grande fatigue auprès de son médecin, qui lui demande :

– Avez-vous une vie sexuelle intense ?

– Ben… Je fais l'amour tous les jours. Parfois même, plusieurs fois par jour.

– C'est trop ! Pour commencer, je vous propose de ne pas faire l'amour le dimanche.

– Impossible, docteur ! C'est le seul jour de la semaine où je suis chez moi !

22, LES POULETS !

L'État de l'Alaska a été acheté à la Russie par les États-Unis en 1867 pour la modique somme de **7 200 000 dollars (120 millions de dollars actuels).** Cet achat a été jugé ridicule et trop cher à l'époque.

Elle m'a
menti la sotte.

ELLE M'A
SENTI LA MOTTE.

Dans une
vie, on avale en
moyenne 30 tonnes
de nourriture,
soit le poids de
6 éléphants !

Une femme passe en moyenne sept ans dans la salle de bains.

Un homme passe environ trois ans derrière la porte à lui demander : « T'as bientôt fini ? »

Les bébés de l'été plus costauds que les autres !

Si votre bambin est né lors de la période estivale (juin, juillet, août), il aura une meilleure forme. En tout cas, c'est ce qu'affirment des scientifiques britanniques ayant évalué plusieurs facteurs chez de nombreux enfants et adultes, comme la puberté, les allergies, la vitamine D, etc.

Les résultats sont étonnants : les bébés nés pendant les beaux jours sont plus grands et ont des os plus solides. Les petites filles atteignent la puberté plus tard, ce qui est signe d'un état général de santé plus satisfaisant tout au long de la vie. Mais quelle est l'explication ? Cela pourrait être le manque de vitamine D lors de la saison hivernale, qui rend les os plus fragiles, mais également les polluants présents dans les maisons et le long temps passé enfermés. Par contre, ce qui pourrait être plus fragile chez les enfants nés en été, ce sont les yeux, à cause de la luminosité accrue lors de cette période.

– On m'a conseillé de manger uniquement des pâtes et du riz.

– Qui ça ? Un nutritionniste ?

– Non. Ma banque…

CARRÉ MAGIQUE

MOYEN

Obtenez la somme de **117** sur toutes les lignes horizontales et verticales !

5		4		27	22
	29	6		20	24
3	7	35	21		26
30		8	12	16	
	2		19	11	15
32	9	31	14		

Solution page 620

Humour

Les jeunes ont leurs codes sur les réseaux sociaux ! Petit mode d'emploi à l'attention des seniors, nombreux lecteurs du *WC BOOK* :

ASAP : *As Soon As Possible,* en français : « Dès que possible »
LOL : *Laughing Out Loud,* en français : « Rire à gorge déployée »
PTDR : « PéTé De Rire »
PTDRTS : « PéTé De Rire Tout Seul »
DTC : « Dans Ton Cul »
GL : *Good Luck,* en français : « Bonne chance »
MDR : « Mort De Rire »
OMG : *Oh My God,* en français : « Oh mon Dieu ! »
TG : « Ta Gueule »
WTF : *What The Fuck,* en français moins vulgaire : « T'es sérieux ? »
CC : « CouCou »
TJR : « TouJouRs »
SLT : « SaLuT »
TFK : « Tu Fais Koi ? »
JTDR : « J'T'aDoRe »
BJR CV : « BonJouR, Ça Va ? »
JTM : « Je T'aiMe »

Mais les seniors ont leurs codes également ! Petit mode d'emploi à l'attention des jeunes, nombreux lecteurs du *WC BOOK* :

CLD : « Chez Le Docteur »
EMA : « Enterrement Meilleur Ami »
ACR : « Apporte la Chaise Roulante »
AMD : « Apporte Mon Déambulateur »
ATD : « Apporte Tes Dents »
JCAC : « Je Conduis Avec une Couche »
JOOJS : « J'ai Oublié Où Je Suis »
LPPEF : « La Pile du Pacemaker Est Faible »
EBE : « Encore des Brûlures d'Estomac »
FBA : « Fait Beau Aujourd'hui »
FPBA : « Fait Pas Beau Aujourd'hui »
JSC : « Je Suis Constipé »
PMDEB : « Putain, Mon Dos Encore Bloqué »
HQEJPR : « Heureusement Qu'on s'Écrit, J'entends Plus Rien »
PMDER : « Perdu Mes Dents En Riant »
OMDQG : « Oh Mon Dieu, Quel Gaz »
JEDT : « Je t'Écris Des Toilettes »
AQJPD : « À Qui Je Parle, Déjà ? »
JTLLA : « Je Te Laisse, Le Laxatif Agit »

Le saviez-vous ?

Lors de la première moitié du XXe siècle, un mathématicien russe a calculé que l'on pouvait jouer 2 x 10 puissance 116 (un 2 suivi de 116 zéros) parties d'échecs différentes. On comprend la complexité et la passion pour ce jeu millénaire.

POURQUOI LES HOMMES NE METTENT-ILS JAMAIS DEUX FOIS LE MÊME COSTUME QUAND ILS VEULENT S'HABILLER ÉLÉGAMMENT ?

Solution : Parce que la mode a changé entre leur mariage et leur enterrement.

Il vaut mieux être précis ! Saviez-vous qu'une balle de golf ne doit pas dépasser les 45,93 grammes ?

Des chiffres musclés

- Pour pouvoir parler, **72** muscles du corps se mettent en marche.
- Pour embrasser langoureusement, ce sont 12 muscles des lèvres et **17** muscles de la langue qui s'activent.
- La trompe de l'éléphant comporte près de **150 000** muscles.

Un homme rentre dans le bureau de l'état civil, place de la Mairie :

– Bonjour monsieur. Je viens vous voir car j'aimerais changer de nom.

– C'est possible, effectivement. Mais comment vous appelez-vous ?

– Fabien Legroconnard.

– Et vous voudriez vous appeler comment ?

– Éric Legroconnard.

QUI EST L'INTRUS ?

LA LOUTRE DE MER

LE CROCODILE DU NIL

L'HIPPOPOTAME

LE DESMAN DES PYRÉNÉES

LA MUSARAIGNE DE MILLER

LE VISON D'EUROPE

LE CAMPAGNOL AMPHIBIE

LE RAGONDIN

LE CASTOR

LE GUIB D'EAU

LE RAT MUSQUÉ

Solution : Tous ces animaux, à l'exception de la loutre de mer, sont semi-aquatiques.

D'où vient l'expression « Être au bout du rouleau » ?

Jusqu'au Moyen Âge, le **rôle** était une sorte de bâton d'ivoire autour duquel s'enroulaient les parchemins. Quant au **rollet,** il désignait un petit parchemin. Au théâtre, obtenir un **« rôle »** ou un **« rollet »,** c'était avoir à réciter un texte plus ou moins long. Arriver au bout du rollet revenait donc à ne plus rien avoir à dire. Un peu plus tard, le **« rouleau »** servit à empiler les pièces de monnaie. Et lorsque l'on arrivait au bout du rouleau, cela signifiait que, financièrement, ce n'était pas bon signe. Enfin, à la fin du XIXe siècle, les cylindres (rouleaux) des phonographes produisaient des sons de plus en plus déformés au fur et à mesure qu'ils s'usaient. **Être au bout du rouleau finit donc par signifier : peiner, ne plus en pouvoir.**

QUAND QUELQU'UN A UNE JAMBE PLUS COURTE QUE L'AUTRE, POURQUOI NE DIT-ON JAMAIS QU'IL A UNE JAMBE PLUS LONGUE QUE L'AUTRE ?

La Procrastination

Tendance à différer, à remettre au lendemain une décision ou l'exécution de quelque chose.

« Demain est souvent le jour le plus chargé de la semaine. »
Proverbe espagnol

« Je ne remets jamais au lendemain ce que je peux faire le surlendemain. »
Oscar Wilde

Ma mère m'a dit que j'étais la reine de la procrastination. Tu sais ce que ça veut dire toi ?
– Bah… Je chercherai dans le dictionnaire… Demain.

« À quoi bon remettre à demain ce qu'on peut faire avec ses pieds. »
Maurice Roche

CITATIONS

M. et Mme LANDEMIN ont un fils. Comment l'appellent-ils ?
Roméo.

Promis, j'arrête de procrastiner ! Je commence demain…

« Quand on remet les choses à plus tard, ce plus tard vient toujours trop tôt. »
Grégoire Lacroix

– Que penses-tu faire aujourd'hui ?
– Rien.
– C'est déjà ce que tu as fait hier !
– Oui, mais je n'ai pas fini.

JEUX

MOTS MÊLÉS

Pêche

Saurez-vous retrouver chacun des mots cachés dans ce tableau ?

Les mots peuvent être écrits horizontalement, verticalement, en diagonale ou à l'envers.

Mots à trouver :

1) APPAT
2) BROCHETS
3) CANNE
4) CHALUT
5) EMBARCATIONS
6) EPUISETTE
7) ESPADON
8) FILETS
9) HAMEÇON
10) HARPON
11) LEURRE
12) LIGNE
11) MARLIN
11) PLOMBS
11) PRISE
11) RAFIOTS
11) SAUMON
11) VERS

JEUX

Y	T	P	M	B	G	E	X	Q	N	E	U	A	P	F	V	N	C	N	Q
Y	G	E	U	J	J	N	X	D	Y	Z	C	E	T	J	P	L	R	F	G
B	O	Q	F	P	O	B	Ç	P	F	A	N	J	Z	L	P	U	Q	A	X
Ç	R	L	O	P	Y	S	U	H	N	P	F	U	V	W	E	D	E	Q	Z
V	S	O	R	R	U	S	A	N	Ç	F	N	Y	G	F	J	J	O	S	E
S	V	A	C	Ç	S	M	E	L	I	X	E	K	T	B	R	Ç	D	N	T
Ç	H	X	E	H	E	L	L	L	S	L	B	Q	L	R	O	M	G	R	L
T	N	E	W	Ç	E	Q	E	N	S	E	R	Ç	V	M	Q	I	Z	E	P
G	S	H	O	I	H	T	Ç	R	X	W	X	A	F	E	L	Q	U	L	X
K	R	N	S	E	S	E	S	P	A	D	O	N	M	T	Q	R	O	Q	B
R	E	M	S	R	U	C	X	A	H	K	C	B	R	T	R	M	A	E	R
T	V	I	C	S	L	U	N	D	V	Z	A	K	L	E	B	S	F	R	G
A	R	O	J	M	C	I	G	A	X	R	Y	S	R	S	O	Y	N	M	E
P	C	J	X	W	V	C	G	S	C	S	K	E	A	I	O	L	M	C	A
P	W	D	Ç	J	C	B	X	A	T	V	O	U	H	U	N	L	D	H	M
A	Z	V	K	C	A	O	T	O	T	T	M	D	S	P	Y	U	Q	A	F
Z	Z	K	D	D	F	I	I	Ç	P	O	O	Y	E	E	U	N	L	L	D
S	E	G	X	S	O	F	T	U	N	Ç	D	G	Y	E	X	C	Ç	U	G
Y	V	E	P	N	A	G	W	B	E	O	Y	N	Y	F	S	F	L	T	Y
D	H	W	S	R	R	W	W	Y	W	T	Z	F	D	F	B	C	D	Ç	J

Solution page 617

Comment appelle-t-on un homme qui dit des cochonneries à une femme qu'il ne connaît pas ?

Un harceleur sexuel !

Comment appelle-t-on une femme qui dit des cochonneries à un homme qu'elle ne connaît pas ?

En composant le 08 37 69 69 69 (55 euros la minute) !

L’alphabet hawaïen est l’alphabet le plus court du monde avec seulement 13 lettres : **5 voyelles** (Aa, Ee, Ii, Oo, Uu) et **8 consonnes** (Hh, Kk, Ll, Mm, Nn, Pp, Ww et ‘, appelée *okina*, « séparateur »).

Tu n'as que tes petits pois pour dîner ?

TU N'AS QUE TES PETITS DOIGTS POUR PINER ?

Vous savez que
la tour Eiffel scintille
toutes les heures durant
5 minutes, de la tombée de
la nuit jusqu'à **1 heure du
matin.** Mais saviez-vous que
pour que cela soit possible,
20 000 ampoules
sont utilisées ?

PENDU

Pour ceux qui ne vont pas seuls aux toilettes…
Trouvez le mot correspondant avant que le bourreau ne vous pende…
À chaque erreur un trait se dessine.

L _ _ _ _ _ _ _ _ _ _ _ T

Solution : LAMENTABLEMENT

Un gardien de prison est convoqué par le directeur.

– Pourquoi me fait-on savoir que vous n'êtes pas d'accord avec l'hospitalisation d'un de vos prisonniers ?

– M. le directeur, on m'a informé que le matricule 672356 allait être amputé de la jambe droite. Il a déjà été amputé de la jambe gauche, des deux bras, on lui a retiré une partie de l'intestin et, dernièrement, l'estomac !

– Et alors… Où est le problème ?

– Le problème ? C'est un gros malin : je suis sûr qu'il s'évade petit à petit !

Le saviez-vous ?

Un éclair par seconde ! C'est ce qui se passe avec les 32 millions d'éclairs qui frappent chaque année le sol mondial.

Gérard se promène rue Saint-Denis, à Paris. Il observe, intrigué, tous ces sex-shops… Il se rapproche de la vitrine de l'un d'eux et y colle son nez pour mieux voir ce qu'il y a dedans. Soudain, il tambourine à la vitrine en criant :

– C'est une honte ! Enlevez ça immédiatement !!!

Le vendeur sort et lui demande :

– Enlever quoi, au juste ?

– Toute la buée ! On n'y voit plus rien !

SI UNE CRÈME COÛTE 9 EUROS, COMBIEN COÛTE UNE CRÈME RENVERSÉE ?

Solution : 6 euros !

CARRÉ MAGIQUE

DIFFICILE

Obtenez la somme de **300** sur toutes les lignes horizontales et verticales !

54		15	68	38		31	52
65	18		11	49		24	27
60		69	14	44	23	37	
67	64	10		51	32	26	41
	16	58	57	35	48		25
12	55	21			39	53	30
17	66	8	59		34	40	
	61		20	22	45	47	36

Solution page 620

Le saviez-vous ?

Qui a dit Nutella ?

– Saviez-vous qu'il existe le World Nutella Day ? Les adeptes de la célèbre pâte à tartiner fêtent leur addiction au chocolat le 5 février.

– Son créateur, Michele Ferrero, a eu l'idée de mélanger le cacao à des noisettes pour économiser le précieux cacao, devenu rare et cher après la Seconde Guerre mondiale.

– La société Ferrero achète 1/3 de la production mondiale de noisettes ! Et 185 000 tonnes d'huile de palme par an…

– Quelques chiffres à tomber : Ferrero réalise un chiffre d'affaires de 10 milliards d'euros, produisant chaque année 365 000 tonnes de Nutella, des œufs Kinder, des Ferrero Rocher, des bonbons Tic Tac, dans 22 usines à travers le monde.

– Les Français sont les premiers consommateurs de Nutella dans le monde !

Il faut au général
un troupier pour
forcer le pont.

**IL FAUT AU GÉNÉRAL
UN POMPIER POUR
FORCER LE TROU.**

Le saviez-vous ?

Les gens qui ont la phobie du chiffre 13 parce qu'il porterait malheur souffrent de triskaïdékaphobie ! Cette peur est bien souvent encore plus renforcée lors des vendredis 13.

– En fait, tu es une ampoule.

– Pourquoi, mon chéri ? Parce que je suis brillante ?

– Non. Parce que tu es LED.

Le saviez-vous ?

Une tête coupée continue-t-elle de penser ?

OUI ! Mais seulement pour quelques secondes. En 2011, l'équipe du médecin Clementina M. van Rijn observe l'activité cérébrale des rongeurs après leur décapitation et constate que les ondes caractéristiques de la conscience continuent à être présentes 17 secondes après la séparation de la tête du corps. Des conclusions qui pourraient être valables chez l'Homme. Au milieu du XXe siècle, le physiologiste soviétique Sergueï Brukhonenko a documenté des expériences effectuées sur des têtes de chiens reliées à un cœur et un poumon artificiels : ces dernières réagissaient à la lumière et aux bruits. **À quand ces expériences sur les humains ? Affaire à suivre...**

La malheureuse s'est tordu l'humérus.

LA MALHEUREUSE S'EST MORDU L'UTÉRUS.

Pourquoi met-on la main devant la bouche lorsque l'on bâille ?

Cet usage est d'origine religieuse. Les personnes pieuses avaient remarqué que le bâillement était contagieux et pensaient qu'il était provoqué par le diable, qui en profitait pour s'introduire dans le corps afin de le posséder. D'où la main devant la bouche en geste de protection. Au XIXe siècle, les catholiques se signaient lorsqu'ils bâillaient et s'excusaient d'avoir exposé l'entourage aux dangers des esprits.

Aujourd'hui, mettre la main devant la bouche est une marque de politesse qui a pour but d'éviter d'exposer l'intérieur de la bouche au regard des autres.

www.maviedefemme.com

et Marie Dewulf,

astrologue réputée,

vous présentent :

L'HOROSCOPE 2019

Horoscope

BÉLIER (21 mars – 20 avril)

Votre ciel de 2019

Le Grand Perturbateur quitte votre signe en ce début d'année. Ouf, ça va vous faire des vacances !

Pour les troisièmes décans, il vous faut maintenant remettre de l'ordre dans votre maison « vie ». Une belle œuvre en perspective et des projets nouveaux sous le coude. Les autres décans peaufinent ce qu'ils ont mis en chantier voici déjà quelques mois.

Votre ciel relationnel

Un Soleil encore timide commence à pointer dans votre ciel sentimental. Il prendra toute son ampleur à partir de la mi-août, après une petite baisse de forme en juillet. Un petit recul pour mieux reprendre votre élan. La meilleure fenêtre dans votre ciel pour une belle rencontre s'étire d'août à septembre.

Une période qui donne des couleurs à une relation fatiguée ou endormie. Elle annonce un renouveau, si la période précédente a tout balayé. Ou donnera les premiers émois aux jeunes générations. Une période propice pour de folles escapades de haute voltige amoureuse. Il y a fort à parier que vous terminerez l'année en tendre compagnie !

Et, comme le dit l'adage : « Quand l'amour va, tout va ! » Cet état de renouveau et/ou de bien-être amoureux rayonne aussi dans votre vie relationnelle tant familiale qu'amicale.

Votre ciel professionnel et financier

Trois couleurs dans votre ciel professionnel selon votre décan.

Premier décan, une année tout en audace. Si vous avez envie d'entreprendre, des acteurs célestes vous soutiennent dans vos projets, vous font rencontrer les bonnes personnes au bon moment.

Deuxième décan, c'est plutôt une année de stabilisation, de consolidation de votre situation. Si cela plaît à certain(e)s de reprendre pied et de prévoir d'autres projets, pour d'autres, ce sera plutôt vécu comme un ennui, une sensation de tourner en rond.

Troisième décan, si les grandes manœuvres sont terminées dans votre vie sentimentale, elles sont toujours d'actualité dans votre vie professionnelle. C'est une année favorable pour envisager une réorientation ou, de façon plus radicale, un changement professionnel. Pensez à faire un bilan !

Côté finance et quel que soit votre décan, elle est en dents de scie. La prévoyance n'étant pas dans votre ADN, vous risquez de vous donner quelques frayeurs. Pour éviter les gros yeux de votre banquier, une gestion rigoureuse s'impose.

Votre ciel bonne forme

Une boule d'énergie en début d'année ! Qui a ses bons et ses mauvais côtés. Une bonne énergie bien canalisée est un atout pour œuvrer. Une énergie mal canalisée vous met de mauvais poil, « la tête près du bonnet » et d'humeur instable. Vous oscillerez de l'un à l'autre en ce début d'année.

À partir de mars, on observe une décélération dans le flux énergétique pour trouver un apaisement. Votre impétuosité s'atténue, se tempère et prend une tournure plus tranquille, plus fluide.

Pour bien canaliser vos énergies ou entretenir une bonne forme, prenez quelques minutes de relâchement le soir, pour une bonne nuit réparatrice. Que ce soit sous la douche ou assis(e) sur votre lit, secouez vos bras et vos jambes comme si vous vouliez faire tomber quelque chose. Ensuite, posez vos mains sur votre visage et faites comme si vous vouliez le laver à deux mains. Finissez par quelques respirations profondes : inspiration, blocage de quelques secondes, longue expiration en soufflant. À répéter plusieurs fois.

TAUREAU (21 avril – 20 mai)

Votre ciel de 2019

Une tornade entre dans votre signe et va décoiffer le premier décan ! Elle va souffler, balayer, nettoyer votre vie. En fait, elle va achever de faire tomber ce qui était déjà caduc, fragile ou périmé. Ce sont les personnes nées autour de l'année 1978 qui sont plus particulièrement touchées.

Les autres décans sont encore à l'abri cette année, mais pas d'impatience, vous aurez votre tour !

Votre ciel relationnel

Votre âme fait des vagues et vous tourne le cœur ! Oui, votre vie sentimentale sera elle aussi chahutée, mais c'est un vent d'amour qui souffle. Un vent qui balaye les amours mortes pour celles et ceux nés autour de l'année 1978 afin de permettre à de nouveaux bourgeons d'amour de se déployer. C'est vous dire que vous conjuguerez à nouveau le verbe « aimer » à tous les temps et pour un bout de temps.

Celles et ceux qui ne connaissent pas encore les émois de l'amour découvriront ces rivages enchanteurs. C'est une bourrasque qui décoiffera votre cœur. Vous connaîtrez les vertiges et les pincements de l'amour, les élans et les silences, les rivages enchanteurs et romanesques.

Ambiance très cosy et chaleureuse dans votre vie relationnelle amicale, une sorte de famille de cœur et de tendresse, un havre de repos ou de délassement, d'échanges et de réconfort, de soutien et d'apaisement.

Horoscope

Votre ciel professionnel et financier

Un domaine très agité aussi mais, curieusement, vous avancez solide et imperturbable, comme une chaloupe qui traverse une mer impétueuse.

Quand on dit « solide et imperturbable », c'est un euphémisme ! Car votre stress est palpable, vous êtes tendu(e) comme un arc. Mais rassurez-vous, la situation n'est pas dangereuse pour vous. Aucun risque : vous traversez cette année sans encombres et sans dommages. Il faut simplement en prendre conscience et avancer un pas à la fois, être confiant(e) et avoir confiance.

Cette année est un bon moment pour mettre en place une stratégie d'évolution. Faire une formation ou un apprentissage pour étoffer vos connaissances et compétences. Ou vous intéresser à un autre domaine pour votre bon plaisir.

Côté finance, ça va. Vous serez aidé en cela par les influx de Jupiter, qui veille au grain.

Votre ciel bonne forme

Une forme en dents de scie pour les premiers décans. Les autres sont en général, en bonne forme, bonne circulation des énergies.

Les premiers décans sont soumis à des vents contraires qui soufflent parfois avec violence (trop d'énergie) et sont parfois absents (manque d'énergie). Entre les bourrasques et le calme plat, ça varie en crescendo et decrescendo. Dommage qu'on ne puisse pas stocker le trop-plein pour les périodes de vide. Ce sera à vous de vous adapter et de gérer. De faire du sport ou d'avoir une activité dépensière en énergie dans les périodes de trop-plein et de vous ressourcer par des promenades au grand air et/ou dans la nature dans les périodes de baisse.

Vous pourriez aussi vous préparer deux gels douches aux huiles essentielles. Pour les périodes de trop-plein, une composition apaisante, pour les périodes de calme, une composition énergisante.

Pour une composition apaisante et pour 100 ml de savon neutre, ajouter les huiles essentielles suivantes : 35 gouttes* de géranium rosat – 35 gouttes de lavande vraie – 35 gouttes d'orange douce – 20 gouttes d'yang-ylang – 20 gouttes de camomille noble. À utiliser de préférence le soir.

Pour une composition revigorante et pour 100 ml de savon neutre, ajouter les huiles essentielles suivantes : 35 gouttes de citron et/ou de pamplemousse – 35 gouttes de gingembre – 35 gouttes de niaouli – 20 gouttes de poivre noir – 20 gouttes de bergamote. À utiliser de préférence le matin.

* 35 gouttes = 1 ml

Horoscope

GÉMEAUX (21 mai – 21 juin)

Votre ciel de 2019

Votre voisin d'en face vous envoi de très bons influx tout au long de l'année. Il va présider de loin et avec bienveillance, le théâtre de votre vie.

Il vous soutiendra dans vos actions, vous réconfortera dans vos déceptions (qui ne seront pas nombreuses), vous ouvrira des portes, vous mettra les bons acteurs au bon moment, vous accompagnera au quotidien. Bref, un ami qui vous veut beaucoup de bien !

Votre ciel relationnel

Sur du velours et dans la soie ! C'est ainsi qu'on peut qualifier le climat de votre vie sentimentale. J'y mettrais un petit bémol pour les natifs de la fin du troisième décan, qui ont encore un peu les pieds pris dans le tapis de leurs émotions. C'est un climat qui se gomme au fil des semaines. À partir du milieu de l'année, vous reprenez des couleurs et ressortez vos atouts de séduction.

Pour les autres, que dire ? Des bras s'ouvrent pour mieux s'enlacer, s'embraser et s'embrasser. J'aime, j'aimerai, nous nous aimons, nous nous aimerons, nous faisons des projets, nous allons de l'avant, la route s'ouvre !

Ce climat rayonne aussi dans votre vie relationnelle, familiale et amicale. Ce sont autant de havres de bien-être, de paix, de chaleur, de partage.

Horoscope

Votre ciel professionnel et financier

Un climat pas aussi idyllique dans ce domaine. Des nuages passent, embrouillent le paysage, ce qui fait que vous perdez de votre pertinence et impertinence. Dans ces moments, prenez un temps de recul, d'intériorité et laissez parler votre intuition, qui sera renforcée. Ou profitez-en pour prendre un temps de pause afin d'enrichir vos connaissances et vos compétences.

Certains pourront avoir le sentiment d'avancer sur des sables mouvants, sans perspectives. Mais, même avec ce sentiment, vous ne risquez rien ; ce sera un signe pour vous de vous poser. N'oubliez pas que vous avez un ami qui vous veut beaucoup de bien, en face, et qui ne vous laissera pas dans la difficulté.

Côté finances, il vous faudra veiller cette année à bien garder les cordons de votre bourse fermés, de ne pas s'éparpiller ! Soyez aussi prudent(e) dans vos engagements financiers. « Un tiens vaut mieux que deux tu l'auras », nous dit l'adage ; un conseil avisé, pour vous.

Votre ciel bonne forme

Chaque décan a son ciel. Du tonus à revendre pour les premiers, une vitalité cyclique pour les deuxièmes, douceur et bien-être pour les troisièmes.

Mais quel que soit votre décan, de grandes promenades au grand air vous feront le plus grand bien. Ne manquez pas d'en profiter à chaque occasion, que ce soit en ville, dans les parcs et jardins ou à la campagne. Respirer est votre panacée, cette année. Une bonne respiration fait circuler les énergies harmonieusement, évite les petites intrusions microbiennes, vous donne bonne mine.

Vous pouvez par exemple commencer votre journée pour un petit exercice qui ne vous prendra que trois ou quatre minutes. De préférence devant la fenêtre ouverte et quelle que soit la météo, mais en évitant les courants d'air. Debout, jambes légèrement écartées et fléchies, les bras ballants le long du corps, inspirez tout en ramenant vos mains devant les yeux, paumes vers le visage. Tournez les paumes vers l'extérieur en expirant et tendez les bras comme si vous repoussiez quelque chose avec vos paumes. Inspirez à nouveau tout en ramenant les mains à hauteur des yeux, paumes vers le visage. À faire cinq fois.

Ensuite, mains à hauteur des yeux, tournez les paumes vers le sol et poussez tout en expirant. Tournez les paumes vers le ciel et, tout en inspirant, tendez les bras en vous étirant vers le haut, comme si vous deviez toucher quelque chose. Tournez ensuite les paumes vers le bas et refaites le mouvement en expirant. À faire cinq fois.

Horoscope

CANCER (22 juin – 22 juillet)

Votre ciel de 2019

Une année à garder un(e) petit(e) Cancer bien au chaud dans sa carapace ! Il ne faut pas réveiller la ou le Cancer qui dort. N'oublions pas qu'il ou elle a des pinces et qu'elle ou il peut très bien s'en servir, mine de rien.

Disons que notre petit(e) Cancer, que les contrariétés dérangent, aimera être caressé(e) dans le sens de sa carapace. Cette année, vous veillerez donc à vous tenir à l'écart de tout ce qui peut vous écorcher.

Votre ciel relationnel

Plus serein pour les femmes que pour les hommes. Autant les femmes œuvrent avec succès pour un équilibre et une harmonie, autant les hommes peuvent se perdre dans les méandres de leurs émotions. Les femmes seront plus actrices de leur destin amoureux, les hommes, plus maladroits. Ce sera plus marqué pour les générations nées autour de l'année 1975, pour les natifs du troisième décan, et autour de l'année 1990, pour les natifs du deuxième décan.

Vos relations familiales et amicales seront paisibles et sereines, il y régnera un climat de chaleur, de complicité. Un lieu où vous pourrez vous ressourcer, vous réconforter, trouver consolation et empathie en cas de besoin. Certains liens pourront même se renforcer en cas de tourmente.

Horoscope

Votre ciel professionnel et financier

Les deuxièmes décans surfent ou peuvent surfer sur une vague qui les porte vers des rivages plus épanouissants et gratifiants. C'est une période favorable, si vous souhaitez changer ou bifurquer, pour étudier ou vous former, entreprendre ou tout simplement trouver un travail.

Les deuxièmes décans sont dans une zone de stabilité, de routine. Certain(e)s d'entre vous peuvent ressentir une situation sclérosée, sans trop avoir la possibilité de changer les choses. Envisagez ce moment, comme un temps d'intégration et d'expérience pour vous enrichir professionnellement.

Les troisièmes décans doivent sentir leur monde bouger. Ce sentiment va s'accroître au fil du temps. Pour certain(e)s, faire un bilan de compétence, un bilan professionnel, une remise en question de leurs acquis et de leurs possibilités, serait à terme profitable à leur future évolution.

Restez prudent sur le plan financier, il y a des bulles qui peuvent éclater, et votre porte-monnaie avec !

Votre ciel bonne forme

Quel que soit votre décan, une envie de bouger, de respirer, de grand air vous habite. Sauf que, dans le même temps, vous trouvez des prétextes pour éviter de sortir et de bouger. Donc, un tiraillement entre « J'aimerais bien » et « J'ai du mal à le faire » apparait. Une solution ?

Ce serait de le faire avec quelqu'un qui ne se laissera pas convaincre de ne rien faire. De le faire aussi avec un abonnement, donc une gym en salle, comme le Pilates ou le taichi, deux disciplines qui vous vont bien, l'abonnement étant une « contrainte émulatrice ».

Autre astuce de motivation, c'est d'en faire un rituel. Chaque semaine au même moment, je m'accorde un temps pour moi et rien que pour moi, que rien ne peut venir perturber, et je ne me trouve pas de prétexte pour le zapper.

Donc pour vous, petit(e) Cancer, bouger, ce sera « un peu », « modérément » ou « beaucoup », mais surtout pas « jamais » !

Horoscope

LION (23 juillet – 22 août)

Votre ciel de 2019

« Votre Majesté est servie ! » Par des influx planétaires particulièrement favorables. Travail-amour, amour-travail, tantôt l'un, tantôt l'autre : ce chassé-croisé céleste occupera vos jours… Et vos nuits !

Tout ce beau monde entretient des relations de très bonne convivialité avec d'autres partenaires célestes. Tous vos domaines en bénéficient, ils vont donner plus d'amplitude ou de profondeur à vos actions.

Une toute petite ombre à ce tableau, un trop-plein d'énergie peut déranger des voisins plus calmes.

Votre ciel relationnel

Commençons par la vie relationnelle amicale. Un carnet d'adresses bien rempli sans parler de vos *followers*, qui vous accaparent pas mal. On peut dire que votre vie amicale est diversifiée et animée. Mais attention à ne pas vous laisser déborder !

Le premier semestre se montre calme, banal même ; la routine, quoi. Ensuite, juillet-août, un joyeux drille céleste vient mettre du relief dans votre vie amoureuse. Quelle que soit votre génération ou votre décan, Cupidon rôde dans tous les recoins de votre vie. Il relance une relation crépusculaire, revitalise une relation fatiguée, façonne une relation débutante, donne des petites roseurs aux joues à celles et ceux qui découvrent les émois amoureux.

La période qui suit, vous continuez à roucouler tendrement sur les branches de votre cœur. Et, si vous avez des projets, cette période est propice pour prendre des décisions qui vous engagent.

Horoscope

Votre ciel professionnel et financier

L'arrivée d'Uranus dans le secteur, en mars, va provoquer quelques remous, surtout chez les premiers décans. Des opportunités, des choix, des changements de cap, d'orientation seront au programme. Vous aurez à choisir entre partir ou rester. Partir vers des horizons nouveaux, prendre des risques, sortir de votre zone de confort. Rester dans une routine confortable : « Métro, boulot, dodo. » Le risque sera différent, celui de vous voir bouillonner et piaffer, donc de faire preuve d'un caractère à ne pas prendre avec des pincettes.

Les perspectives d'opportunités seront favorables aux premiers décans qui sont à la recherche d'un emploi, mais parfois, il faudra envisager d'élargir vos horizons et même d'en changer totalement.

Côté finances, plutôt stable et équilibré, mais attention quand même à des largesses qui pourraient vous mettre en fragilité temporaire. Pas de grands projets dans ce domaine.

Votre ciel bonne forme

Une valse à trois décans !

Un premier décan en pleine forme, dynamique, pétillant. Un deuxième décan qui souffle le chaud et le froid. Un troisième décan qui se la coule douce. Tous les Lion ne sont pas logés à la même enseigne, côté « bonne forme ».

Vous pouvez cependant, de façon transversale, c'est-à-dire qui convient à tous les natifs, faire un exercice de respiration. Cela entretiendra les bonnes formes, équilibrera les deuxièmes décans et boostera les troisièmes.

Idéalement à faire le matin, au lever, fenêtre ouverte, sans craindre les intempéries.

Pieds légèrement écartés, bras le long du corps, fléchissez légèrement les genoux.

Mouvement 1 : en inspirant, remontez les mains à hauteur des yeux, tourner les paumes vers l'extérieur et pousser les mains en avant tout en expirant. Les ramener paumes tournées vers le visage en inspirant. Faire ce mouvement – pousser en avant puis ramener – cinq fois.

Mouvement 2 : lorsque les mains sont devant les yeux, tournez les paumes vers le bas tout en expirant, poussez comme si vous poussiez un levier. Tournez les paumes vers le ciel et, tout en inspirant, montez les mains et poussez, comme si vous pouviez toucher le ciel. Tourner les paumes vers le bas et refaites le mouvement de poussée. Faites le mouvement cinq fois.

Finissez avec quelques étirements vers le haut, vers le bas et les côtés, en alternance.

VIERGE (23 août – 22 septembre)

Votre ciel de 2019

Une année très intimiste pour nos ami(e)s Vierge. On pourrait presque dire : une chaumière et le cœur de l'être aimé, de ses proches, de ses amis suffisent.

Votre vie relationnelle prend le pas sur votre vie professionnelle. Ce qui ne veut pas dire que vous baissez les bras mais, une année n'est pas coutume, vous la laissez ronronner, en roue libre. Bref, vous vivrez votre vie tranquillement.

Votre ciel relationnel

Un arc-en-ciel sur votre vie relationnelle. De toutes les couleurs : des chaudes, des tièdes, des froides, des distantes. On peut cependant exclure le conflit, les tensions, les rivalités, les désaccords. Devant ces situations génératrices de stress, vous adoptez une posture de froideur, de distanciation, d'indifférence, voire de dédain.

Il y a un double centre dans votre relation de cœur : amour et famille. L'un et l'autre prennent de l'ampleur, l'un n'allant pas sans l'autre. Un grand sentiment de sécurité, de pérennité, de solidité règne dans ces domaines. Un climat qui contribue largement à votre épanouissement. Seuls les natifs du deuxième décan autour des années 1980 se posent des questions et remettent en cause leur relation amoureuse.

Autour de ce double centre gravitent les ami(e)s, quelques proches intimes, qui reçoivent vos confidences et états d'âme, et des personnes moins proches mais qui apportent énergies et récréation dans votre vie.

Horoscope

Votre ciel professionnel et financier

On pourrait dire RAS dans ce secteur. Ça roule.

Les stratégies – tous vos efforts des derniers mois de 2018 – commencent à porter leurs fruits. Et quand je dis « fruits », certains peuvent être juteux et vous permettre de mettre quelques poires de côté pour étancher votre soif plus tard. N'entendez cependant pas par là que votre situation financière s'équilibre et que vous pouvez aussi envisager un bas de laine.

Certains natifs envisageront d'investir dans du solide, soit par un achat, soit par une rénovation ou amélioration.

Dans ce domaine aussi, le travail étant sur les rails, vous allez plus vous concentrer sur vos finances et ce que vous pourrez en faire pour vous assurer stabilité, confort, sécurité.

Le bémol à ce tableau est pour les jeunes natifs qui prennent contact avec la vie professionnelle : celle-ci risque d'être instable et de vous demander de prendre des risques et/ou de vous adapter aux caprices du marché.

Votre ciel bonne forme

Tout marche et vous allez aussi marcher.

Je ne saurais que trop vous recommander ce que je vous disais en 2018 : faites bouger votre corps en douceur, avec l'aide de méthodes qui nous viennent d'Orient. Le yoga, le taichi, les qi gong, Falun Gong et autres cousins de la discipline, ou le Pilates, pour les plus sportif(ve)s, sont des méthodes qui vous conviennent et peuvent vous faire beaucoup de bien. Quoi que vous choisissiez, faites bouger votre corps.

Et pour ajouter un peu de douceur et de volupté après l'effort, faites-vous masser aux huiles essentielles. Avec, par exemple, des huiles essentielles d'ylang-ylang, de géranium d'Égypte, d'orange douce, de gaulthérie couchée. Vous pouvez vous préparer un flacon de 30 ml : versez-y 20 gouttes d'ylang-ylang et 40 gouttes de chacune des autres huiles essentielles puis complétez avec une huile végétale pour faire 30 ml. De l'huile végétale de noyau d'abricot, de coton ou d'avoine (pour les peaux sèches), de papaye (pour les peaux mixtes ou grasses) ou de la classique amande douce (tous types de peaux).

Et si vous ne pouvez pas vous faire masser, mettez deux gouttes de ces huiles essentielles dans votre gel douche et massez-vous en vous savonnant sous la douche.

Horoscope

BALANCE

(23 septembre – 22 octobre)

Votre ciel de 2019

Une cuisine très épicée dans votre ciel cette année ! Votre vie ne manquera ni de piquant ni de saveur, surtout dans le domaine sentimental. Côté professionnel, la zone est plus calme, enfin, plus routinière, devrais-je dire.

Souvent, vous vous surprendrez à voyager sur votre petit nuage ou à vous réfugier dans votre jardin secret pour y cultiver la rime et la prose. À moins que ce ne soit pour taquiner le pinceau ou le crayon. Bref, vous pourrez vous laisser porter par vos états d'âme.

Votre ciel relationnel

Entre rock and roll, tango sulfureux et slow langoureux, votre vie sentimentale ne manquera pas de rythme. Les perspectives qui vous attendent sont très animées !

J'épingle les natifs de la fin des années 1970 et du début des années 1980. Cette année est une année de toutes les émotions. Certain(e)s tombent en amour d'autres sortent d'une relation problématique. D'autres encore mélangent à en perdre la tête leurs émotions ! C'est une période à multiples facettes, faite de bosses et de fosses, de virages et de quelques petites lignes droites ponctuées d'aire de repos. Il y aura des roses avec des épines, des bleuets, des coquelicots et des marguerites prêtes à être effeuillées.

Les autres natifs sont à l'abri de ces intempéries. Ce qui ne les empêchera pas d'avoir le cœur qui chavire.

Votre point de ressourcement, vous le trouverez dans votre environnement amical. Un domaine qui profite d'un beau ciel lumineux.

Horoscope

Votre ciel professionnel et financier

Cette année est placée sous le signe de la routine, du confort des habitudes. Ce serait presque le pays des Bisounours si ce n'était les courants d'air et les bruits de couloir, les uns emportant les autres. Difficile, au milieu de ce climat, de ne pas se laisser aller à la morosité ambiante ; difficile aussi de faire la part des choses. Dites-vous que les bruits de couloirs sont faits pour courir ! Et plutôt que de lutter pour créer une ambiance plus joyeuse, laisser vous porter et suivez l'adage qui dit : « À chaque jour suffit sa peine ! »

La fin de l'année sera plus mouvementée : un élément antiroutine vient secouer votre ciel et il semblerait que vous soyez placé(e) devant un choix.

Certain(e)s seront tentées par un investissement ou un achat immobilier. Mais attention à ne pas vous écraser de charges trop lourdes pour vous.

Votre ciel bonne forme

Deux ennemis cette année : la fatigue et les microbes, qui, souvent, sont copains. Quand l'une vous accapare, les autres vous envahissent ! N'allez pas en déduire que vous serez perpétuellement sur les rotules, non : vous aurez des périodes plus délicates que d'autres. Méfiez-vous des périodes de pleine et/ou nouvelle Lune de janvier, d'avril, de juillet, de fin septembre, début octobre et de fin d'année. Ce sont aussi des périodes pendant lesquelles votre humeur peut s'assombrir ou vous laisser à fleur de peau.

Ce ne sera pas toujours facile de maintenir un équilibre dans ce domaine. Ayez à portée de main des huiles essentielles revitalisantes, comme celles de poivre noir, de menthe poivrée, de mandarine, de gingembre, de sapin baumier, etc., que vous pourrez ajouter à votre gel douche dans vos moments raplapla.

Veillez aussi à la qualité de votre sommeil. Une bonne nuit est une promesse d'une journée en bonne forme. Pour vous aider à vous y préparer, en soirée, buvez une tisane de tilleul, poser sur votre table de nuit un coton avec quelques gouttes d'huile essentielle de Lavande vraie et faites quelques minutes de relaxation ou de détente par la respiration. Ce sont quelques pistes de préparation au sommeil.

Horoscope

SCORPION

(23 octobre – 21 novembre)

Votre ciel de 2019

Vous débutez cette année sous de très bons auspices. Vénus est dans votre signe et va donner une impulsion très séduisante, très voluptueuse à votre ciel. Elle sera soutenue par d'autres acteurs célestes qui, à certains moments, la rendront plus intimiste, à d'autres, plus malicieuse.

Ce climat de douceur qu'elle installe aura aussi des répercussions sur vos manières d'être. Très souvent, vous enfilerez vos gants de velours et avec un sourire gracieux.

Votre ciel relationnel

Une année placée sous le signe des relations conviviales, amicales, aimables, bienveillantes, affectueuses, amoureuses, bref tout ce qui lie de façon douce et tendre. C'est dire que vos relations avec votre entourage se passent dans la concorde.

Sur le plan sentimental, Cupidon est en embuscade à tous les coins de rue. Flèche dorée ? Flèche argentée ? Flèche de concorde ? Flèche de discorde ? Tantôt l'un, tantôt l'autre. Mais rassurez-vous, il n'y aura pas beaucoup de flèches de discorde. Quelques-unes, seulement, pour mettre un peu de relief dans votre vie et ne pas tomber dans la monotonie.

Les mieux nantis dans ces amours sont celles et ceux nés autour de l'année 1995 et au début des années 1980. Les émois (et moi, et moi) vont vous troubler, vous bouleverser, vous toucher.

Dans toute cette période, vous serez bien entouré(e) familialement et amicalement. Et en cas de coup dur ou d'un besoin de confidence, vous aurez, à portée de cœur, une écoute ou un conseil.

Horoscope

Votre ciel professionnel et financier

Les grandes manœuvres sont derrière vous ou presque. Encore quelques remous pour les troisièmes décans, pour les autres, vous naviguez sur une mer d'huile.

Une forte énergie vous habite. Ça se passe bien au travail, il vous faut trouver de quoi utiliser cette énergie. Vous allez vous tourner vers une activité extraprofessionnelle, ludique de préférence, où il vous sera possible de relever des défis, de mettre du relief et du piment à votre vie.

Vous pouvez aussi compter sur cette énergie pour conclure vos recherches, pour créer ou entreprendre. Les augures célestes vous soutiennent généreusement pour vous conduire vers le succès. Seuls les troisièmes décans doivent encore mettre un frein à leurs désirs d'aller de l'avant.

Ça se passe bien aussi du côté de vos finances. Si vous souhaitez demander une amélioration de vos revenus, la période est bonne : on y lit la possibilité d'un accroissement de vos revenus. Cela peut aussi passer par un investissement, de la spéculation ou le fait de taquiner la chance.

Votre ciel bonne forme

Toutes les énergies qui vous habitent circulent harmonieusement. Tout ce que vous aurez à faire, dans ces mois qui viennent, c'est d'entretenir cette bonne circulation. Il faut toutefois tenir compte des saisons, du chaud et du froid.

Sur le plan diététique, par exemple, privilégiez des aliments « froids » dans les périodes chaudes et de grande activité, comme les coquillages, les fromages (sauf brebis), certaines céréales (soja, maïs, millet, riz, etc.), certains légumes (haricot vert, asperge, chou, avocat, salade, champignon, endive, cucurbitacées, etc.), certains fruits (agrumes, rhubarbe, melon, pêches, etc.), les boissons (bière, thé vert, camomille, jasmin, etc.)

Et en période froide, privilégiez les aliments « chauds » comme les viandes rouges et blanches, les crustacés, les poissons gras (sardine, saumon, thon, etc.), les légumineuses, les oléagineux, les céréales intégrales, les poireaux et radis, certains fruits (ananas, cerises, dates, raisin), à peu près toutes les épices et condiments, les alcools, les vins, le cacao.

Vous aurez peut-être la curiosité d'y apporter des précisions et de concocter des petits plats en fonction de ces besoins.

Bon appétit !

SAGITTAIRE

(22 novembre – 21 décembre)

Votre ciel de 2019

Votre grand allié Jupiter se promène dans votre signe jusqu'en décembre et, même parti sous d'autres cieux, il laissera une trace pour quelque temps.

Avec lui dans votre ciel, il préside à bien des succès, vous instille assurance et de l'aplomb, inspire confiance et volonté, vous donne de l'aisance et de l'audace. Il vous donnera envie de repousser vos limites, d'ouvrir le champ de vos possibles, de voler de vos propres ailes et d'entreprendre. Cet état d'être vous habite et vous anime.

Votre ciel relationnel

Vous avez envie d'une relation sérieuse, pas d'amourette ni de flirt, non. Une relation avec un engagement, un avenir. Donc, lorsque vous aborderez une nouvelle relation, ce sera sous l'angle de l'amour pour toujours, même si ce « toujours » ne dure que quelques jours.

Les trentenaires sont les mieux nantis par cet ami : il vous veut vraiment du bien. Rencontre, développement, aboutissement : tel est votre programme. Une rencontre pour s'engager et construire, faire des projets, une chaumière, deux cœurs et des petits tout autour. Pour votre génération, ces portes s'ouvrent.

Les plus jeunes générations, tout en souhaitant une relation pérenne, durable, n'en sont pas moins dans une période de tâtonnement, de rencontres fortuites, où le besoin de faire quelques essais est nécessaire avant de se lancer durablement. Les générations post-trentenaires sont comme un kaléidoscope : certains voleront en solo, d'autres en duo.

Beau ciel bleu dans vos relations familiales et amicales.

Horoscope

Votre ciel professionnel et financier

Vous êtes soutenu(e) par votre grand allié céleste, qui joue les Pygmalion et préside à votre bon positionnement professionnel. Vous surfez allègrement entre les écueils et les chausse-trappes. Bref, il vous guide dans les méandres des arcanes professionnels.

Recherches, formations, création, réorientations, évolution, progressions, sont des mots-clés, dans le domaine professionnel. Si vous êtes dans l'une ou l'autre démarche, cet ami qui vous veut vraiment du bien vous montre la route, vous ouvre des portes vers la réussite et le succès.

Un bémol cependant, pour les jeunes générations qui sont dans les starting-blocks de la création : vous trépignez d'une impatience qui pourrait vous faire déraper et partir dans le décor. De temps en temps, actionner le frein !

Faut-il vous dire que tout se passe bien, côté finances ? Là aussi, vous êtes sous de bons auspices. Par contre, ne soyez pas trop généreux, gardez quelques poires pour une soif prochaine. Les années se suivent mais ne se ressemblent pas toujours !

Votre ciel bonne forme

Une forme quatre étoiles. Que dis-je ? Cinq !

Donc ne la gaspillez pas ! Évitez les excès en tous genres, ceux de table en particulier. Votre gourmandise risque de laisser quelques poignées ou quelques ampleurs qui, si vous n'y faites pas attention, deviendraient disgracieuses, ce qui serait bien dommage !

Un geste détox tout simple, que vous pouvez faire tous les jours, c'est de boire un verre d'eau de source le matin, à jeun. Y ajouter de temps en temps un jus de citron, pour nettoyer dans les petits recoins. À faire surtout après avoir grandement apprécié un bon repas ou forcé sur les bonnes choses.

Et, pour contribuer à votre bonne forme, à chaque occasion, faites des promenades. Le contact avec la nature vous va bien, vous fait du bien.

Horoscope

CAPRICORNE

(22 décembre – 20 janvier)

Votre ciel de 2019

Mai et décembre sont deux zones scabreuses. Des périodes qui vont vous secouer, ou précurseur de changement, d'évolution. Ça bouge. Vous aurez le choix d'être soit spectateur(trice) et de laisser faire, soit d'être acteur(trice) et de piloter le mouvement.

Les lunaisons, pendant ces deux périodes, auront pour effet d'amplifier les rayonnements planétaires et soit de vous favoriser, soit de vous contrarier.

Votre ciel relationnel

C'est le champ privilégié des parlottes planétaires. Selon votre configuration personnelle et les pérégrinations de la Lune, leurs conversations prendront des allures différentes. Tantôt elles sont savoureusement amoureuses, tantôt atrocement compliquées, parfois langoureuses ou endormies. Elles bringuebalent, le cœur fait des cabrioles. Vos ami(e)s célestes vous donnent du fil à retordre, à moins qu'il ne s'agisse d'un fil de toutes les couleurs.

Pour dire les choses autrement, elles influeront votre paysage relationnel, et plus particulièrement amoureux, qui prendra des airs de montagnes russes. Des hauts, des bas, des vertiges, des battements de cœur ou de cils. Parfois elles se parlent avec tendresse ne tarissant pas de mots doux et chaleureux. Parfois, elles se parlent avec fougue et font des passes d'arme véhémentes.

Si vous en avez la possibilité, restez bien à l'abri dans votre chaumière en mai et décembre, les lunaisons de ces périodes sont irritantes pour votre sensibilité. Vous aurez vos ami(e)s pour vous soutenir dans vos creux.

Horoscope

Votre ciel professionnel et financier

Ce domaine est votre socle de sécurité.

Autrement dit, ce domaine est stable, d'une stabilité confortable pour votre tempérament.

À l'exception d'avril, parce qu'il faut une exception, qui sera assez sportif. C'est une période – une fenêtre dans cette stabilité – pendant laquelle des changements sont possibles. Donc, si vous souhaitez rompre la monotonie de votre travail et aller voir ailleurs si l'herbe n'est pas plus verte, cette période vous donnera l'énergie nécessaire pour vous mettre en mouvement.

Si, *a contrario,* vous préférez ronronner dans ce confort, certain(e)s d'entre vous pourront se sentir en danger, ébouriffée, déstabilisée, durant cette période. Mais vous savez que le Ciel fait toujours bien les choses, que s'il vous fait bouger à l'encontre de votre bon vouloir, c'est pour vous proposer des expériences nouvelles, utiles à votre évolution.

C'est aussi une fenêtre ouverte sur toutes les audaces ! Selon votre configuration personnelle, ce sera l'occasion de vous émanciper du joug des contraintes et de fonder votre propre destin professionnel.

Votre ciel bonne forme

Une santé quatre étoiles presque toute l'année ! Seules les périodes de mai et décembre sont plus délicates. Ce sont des périodes où il vous faudra veiller à votre bonne forme. Stress, énervement, irritabilité, agacement, sensiblerie, fatigue, surmenage, un panachage d'états d'âme vous attend.

Règle numéro 1 de la bonne forme : un sommeil réparateur. Dans ces périodes, vous risquez d'avoir du mal à vous endormir ou d'avoir un sommeil anarchique. Pour y remédier, une tisane de tilleul dans la soirée, quelques gouttes d'huile essentielle de lavande sur un coton à poser sur votre table de nuit, un bain aux huiles essentielles de lavande, ylang-ylang et géranium rosat mélangées à du savon pour éviter les traces sur le bord de la baignoire.

Règle numéro 2 de la bonne forme : s'aérer. Par de grandes promenades au grand air, allez respirer les arbres, faites des exercices de respiration.

Règle numéro 3 de la bonne forme : prendre soin de soi. Faites-vous faire des massages aux huiles essentielles relaxantes, prenez du temps pour vous organiser des loisirs ou des activités que vous aimez.

Horoscope

VERSEAU (21 janvier – 18 février)

Votre ciel de 2019

Votre année commence sur la pointe des pieds, en catimini, puis, doucement mais sûrement, prend son élan pour terminer dans un tourbillon qui en décoiffera plus d'un parmi vous.

Quoi qu'il en soit, votre charme ne laissera personne indifférent ! Vous terminez l'année à toute vapeur et en donnerez quelques-unes (de vapeurs) à celles et ceux qui vous entourent.

Votre ciel relationnel

Ce domaine est un vrai kaléidoscope, un arc-en-ciel d'émotion !

Si certain(e)s le vivent comme une joyeuse cour de récréation, d'autres se chagrinent d'un manque de permanence et de stabilité, d'autres encore se la coulent douce dans les bras de l'être aimé.

Quoi qu'il en soit, vous avez l'œil coquin et l'humeur malicieuse. Et si vous faites la guerre, celle-ci sera de dentelle. Selon les conversations astrales avec votre configuration de naissance, certain(e)s convoleront, d'autres butineront ou encore prendront la clé des champs pour y conter fleurette !

Certain(e)s pourront ressentir un flottement dans leur relation – une envie d'autres cieux, de nouvelles sensations –, voire quelques frictions. Mais plutôt que de vous poser des questions, prenez conscience que l'herbe n'est pas toujours plus verte ailleurs et que vous pouvez y rencontrer des ronces.

Horoscope

Votre ciel professionnel et financier

Vous avez en face de vous une bande de groupies célestes qui ne demandent qu'à vous mettre en valeur.

Une configuration très stimulante vous influence, balayant et dynamisant tout ce secteur. Les premiers décans seront les premiers touchés par ces influx. Des défis, une compétition stimulante, une envie de vous démarquer et de donner le meilleur de vous-même ; avec un tel état d'esprit, le succès est au bout du chemin.

Deuxièmes décans, vous aurez tendance à foncer tête baissée, avec le risque de piétiner des plates-bandes. Discussions, controverses, prises de bec et autres échanges musclés ponctueront l'année, mais plus particulièrement en février et en novembre. C'est bien d'avoir raison, encore faut-il l'exprimer avec doigté !

Chez les troisièmes décans, cette période est sous de bons auspices pour demander un avancement, une meilleure reconnaissance, une revalorisation de votre poste. Si vous êtes demandeurs d'emploi, vous pouvez conclure un contrat pour un long terme.

Votre ciel bonne forme

Bon dynamisme. Aussi : un bon défoulement vaut mieux qu'une foulure !

Si certains d'entre vous sont actifs tout en étant sereins, d'autres sont assez électrisés et font des étincelles. Dans ce cas, soyez prudent, plus particulièrement en juillet et modérément en août. Pendant ces périodes, ne vous laissez pas embarquer dans des situations génératrices de stress. Votre énervement peut devenir agressivité et rendre vos gestes maladroits, avec le risque de suites désagréables ; une sorte de jeu de dominos de la maladresse.

Faire du sport est un bon moyen de se défouler et de canaliser un trop-plein d'énergie. En salle : aux agrès, pour bien transpirer et vous fatiguer ! Dehors : courez une ou deux fois par semaine, faites du step (montez et descendez les escaliers de votre immeuble). Ce sont de bons moyens pour évacuer un trop-plein d'énergie.

Ensuite, après l'effort, le réconfort ! Et ceci est valable pour vous tous et toutes : une bonne douche ou un bon bain, selon vos possibilités, suivi d'un bon massage aux huiles essentielles. Ajouter à votre gel douche quelques gouttes d'huiles essentielles d'ylang-ylang, de géranium rosat, de lavande vraie et de jasmin. À utiliser séparément ou en cocktail, selon vos préférences olfactives.

Horoscope

POISSONS

(19 février – 20 mars)

Votre ciel de 2019

Votre météo céleste prévoit une saison à risques de niveau quatre.

Pour les deuxièmes décans, les bourrasques seront décoiffantes, tourbillonnantes à en perdre la tête. Vous devrez dégainer votre savoir-faire adaptatif et apprendre à surfer, à être opportuniste ou à lâcher prise. Les troisièmes décans doivent déjà commencer à ressentir des remous ; les premiers ont trouvé une plage de sable fin et reconstruisent.

Votre ciel relationnel

C'est une métamorphose de vie que le ciel propose aux troisièmes décans. La chrysalide que vous étiez devient un joli papillon qui butine ! La confiance en soi en prime. La phase qui précède est un peu moins attrayante, elle implique de faire le ménage dans sa vie et ce n'est pas vraiment rigolo. Vous pouvez compter sur un voisin céleste « bien placé », qui vous donne un coup de pouce utile.

Les natifs du deuxième décan reçoivent encore quelques influx perturbateurs. Un dernier coup de vent pour dépoussiérer et remettre de l'ordre dans votre vie. Faire place nette pour accueillir et installer durablement l'être aimé.

Les relations établies des premiers décans vont devoir se brancher sur une nouvelle fréquence pour garder le contact. Votre relation s'est assoupie, des amis célestes bienveillants vous aident à la réveiller. Vous devrez apprendre ou réapprendre à jouer la partition de vie à quatre mains.

Dans la joie ou les tracas, vous aurez toujours des amis sur qui compter !

Horoscope

Votre ciel professionnel et financier

C'est sur le terrain professionnel que vos amies célestes se donnent rendez-vous pour insuffler le meilleur du meilleur. Ce domaine est placé sous le signe de la réussite. Cela dit, relativisons : la réussite, c'est un palier qui permet de passer au suivant. Ou de prendre un virage.

Ne vous laissez pas impressionner par les bruits, aussi divers que variés, qui courent, ils sont faits pour être courus ! Il y a des changements dans l'air et vous n'y échapperez pas. Mais en ce qui vous concerne, ces changements se montrent sous un jour favorable : ils servent votre évolution. Ce que vous risquez ? Gravir un échelon ou augmenter vos revenus.

Demandeurs d'emploi, sortez de votre réserve, ne soyez pas complexés, osez, que diantre ! Et mettez vos talents en évidence. Des talents de fédérateur, de créatif, votre sens humain, votre côté animateur. Autrement dit, la part d'âme que vous donnez à tout ce que vous faites. Vous vendre est la chose la plus difficile, mais demandez et vous obtiendrez !

Troisièmes décans, attention à ne pas contracter la fièvre acheteuse, au péril de votre budget.

Votre ciel bonne forme

Un tonus trois étoiles. Autrement dit, plutôt moyen. Pour la forme physique s'entend. Pour ce qui est de votre mental, on atteint les dix étoiles ! En super forme. C'est une période de grandes promenades sur votre petit nuage. Cette période est émaillée de moments de distraction, de rêveries, mais aussi de pannes de moteur, le matin, et de coups de barre en fin de journée : des moments « Qu'est-ce que j'aimerais me blottir sous la couette ».

Il y a une telle activité dans votre tête que vos nuits sont agitées ; vous cogitez. Ça ne va pas être de tout repos, là-haut, et ça va vous empêcher d'en prendre. Pour les inviter gentiment à se mettre en mode « pause » et vous permettre de trouver un repos réparateur, préparez votre sommeil. Évitez des repas trop copieux et/ou trop arrosé, évitez les épices « brûlantes », elles irritent et excitent. Prenez un bain avec quelques gouttes d'huile essentielle de mandarine, de lavande ou d'ylang-ylang. Allongez-vous dans votre lit et détendez-vous en vous relâchant complètement jusqu'à avoir l'impression d'être « en chiffon ». Puis laissez le sommeil vous envahir. Le matin, prenez une douche avec quelques gouttes d'huiles essentielles de citron et de gingembre pour vous revitaliser. Ensuite, un bon petit-déjeuner avec céréales, fruits, un yaourt, un œuf à la coque, du café ou du thé, et vous serez sur pieds pour une belle journée tonique.

SOLUTIONS DES JEUX

Solutions des sudokus

Sudoku p. 12

4	6	8	9	1	5	2	3	7
1	7	9	2	4	3	6	8	5
2	5	3	8	7	6	4	1	9
9	2	4	3	6	8	7	5	1
6	3	1	5	2	7	9	4	8
7	8	5	4	9	1	3	2	6
3	9	6	1	5	4	8	7	2
5	4	7	6	8	2	1	9	3
8	1	2	7	3	9	5	6	4

Sudoku p. 50

7	5	6	2	9	3	1	4	8
1	9	8	7	6	4	3	5	2
3	4	2	8	1	5	7	9	6
6	2	3	1	5	9	8	7	4
4	7	5	3	8	2	9	6	1
9	8	1	6	4	7	2	3	5
8	6	7	5	3	1	4	2	9
5	3	4	9	2	8	6	1	7
2	1	9	4	7	6	5	8	3

Sudoku p. 81

1	3	7	5	8	9	6	4	2
6	2	5	7	4	1	9	8	3
8	9	4	6	2	3	7	1	5
7	1	6	3	5	8	4	2	9
9	8	3	4	1	2	5	7	6
5	4	2	9	6	7	1	3	8
2	6	8	1	7	5	3	9	4
3	5	1	8	9	4	2	6	7
4	7	9	2	3	6	8	5	1

Sudoku p. 115

8	1	9	3	2	6	7	4	5
2	3	5	1	4	7	6	8	9
7	4	6	5	8	9	3	1	2
9	2	1	4	3	5	8	6	7
5	6	3	9	7	8	1	2	4
4	7	8	2	6	1	5	9	3
1	5	7	6	9	4	2	3	8
3	8	4	7	1	2	9	5	6
6	9	2	8	5	3	4	7	1

Sudoku p. 147

9	3	1	2	8	6	5	4	7
2	6	5	4	1	7	8	9	3
7	4	8	9	3	5	2	1	6
5	2	9	1	7	8	3	6	4
3	8	4	6	9	2	1	7	5
6	1	7	5	4	3	9	8	2
1	7	3	8	5	4	6	2	9
4	9	2	3	6	1	7	5	8
8	5	6	7	2	9	4	3	1

Sudoku p. 183

1	6	9	2	5	4	8	7	3
4	8	2	9	3	7	5	1	6
3	7	5	8	6	1	9	4	2
6	9	4	1	7	8	2	3	5
7	3	1	5	2	6	4	8	9
5	2	8	3	4	9	1	6	7
2	1	6	7	8	5	3	9	4
9	5	7	4	1	3	6	2	8
8	4	3	6	9	2	7	5	1

Solutions des sudokus

Sudoku p. 220

1	6	2	5	8	4	7	3	9
8	7	4	9	3	6	1	5	2
9	3	5	1	7	2	4	8	6
5	8	6	4	2	1	3	9	7
2	1	9	3	6	7	5	4	8
7	4	3	8	9	5	2	6	1
6	9	1	2	4	3	8	7	5
3	5	8	7	1	9	6	2	4
4	2	7	6	5	8	9	1	3

Sudoku p. 253

5	9	8	1	6	3	2	7	4
4	6	7	9	2	5	8	1	3
1	2	3	4	7	8	5	9	6
2	8	9	3	5	6	1	4	7
3	5	1	7	8	4	9	6	2
6	7	4	2	9	1	3	5	8
7	1	2	6	3	9	4	8	5
8	4	6	5	1	2	7	3	9
9	3	5	8	4	7	6	2	1

Sudoku p. 285

1	6	5	7	2	4	8	9	3
9	8	3	5	1	6	7	4	2
7	2	4	8	3	9	6	1	5
5	7	2	6	9	3	4	8	1
3	9	1	4	8	7	2	5	6
6	4	8	1	5	2	9	3	7
4	5	6	3	7	8	1	2	9
2	3	7	9	4	1	5	6	8
8	1	9	2	6	5	3	7	4

Sudoku p. 314

4	1	8	9	2	3	5	6	7
6	9	2	7	5	4	1	3	8
7	3	5	1	6	8	4	2	9
3	5	9	2	8	6	7	1	4
2	6	4	5	7	1	8	9	3
1	8	7	4	3	9	2	5	6
8	7	3	6	1	2	9	4	5
5	4	1	3	9	7	6	8	2
9	2	6	8	4	5	3	7	1

Sudoku p. 347

7	1	5	9	3	8	2	4	6
3	6	9	5	2	4	8	1	7
2	8	4	7	1	6	3	5	9
6	2	7	3	8	5	1	9	4
5	9	1	4	7	2	6	3	8
4	3	8	1	6	9	7	2	5
1	4	3	6	5	7	9	8	2
9	7	2	8	4	3	5	6	1
8	5	6	2	9	1	4	7	3

Sudoku p. 370

8	5	3	6	9	7	1	2	4
9	4	1	8	2	3	5	6	7
2	7	6	5	1	4	8	9	3
1	2	5	7	3	6	9	4	8
3	6	8	9	4	2	7	5	1
4	9	7	1	5	8	2	3	6
5	8	4	3	7	9	6	1	2
6	1	2	4	8	5	3	7	9
7	3	9	2	6	1	4	8	5

Solutions des sudokus

Sudoku p. 398

4	5	2	3	6	1	8	7	9
9	7	3	8	5	4	6	1	2
8	6	1	2	7	9	5	4	3
6	2	5	4	9	8	7	3	1
7	3	8	5	1	2	9	6	4
1	9	4	7	3	6	2	8	5
3	4	6	9	8	5	1	2	7
5	1	7	6	2	3	4	9	8
2	8	9	1	4	7	3	5	6

Sudoku p. 424

5	4	2	3	6	9	7	8	1
7	9	8	1	5	2	4	6	3
1	3	6	4	8	7	5	2	9
8	2	9	6	1	4	3	5	7
6	1	7	5	9	3	8	4	2
3	5	4	2	7	8	1	9	6
9	6	5	8	3	1	2	7	4
2	8	3	7	4	6	9	1	5
4	7	1	9	2	5	6	3	8

Sudoku p. 451

4	2	3	8	7	9	5	6	1
1	5	7	4	3	6	9	8	2
6	9	8	2	1	5	7	3	4
7	3	4	6	8	1	2	9	5
5	8	1	3	9	2	4	7	6
2	6	9	5	4	7	3	1	8
9	4	6	7	5	8	1	2	3
3	1	2	9	6	4	8	5	7
8	7	5	1	2	3	6	4	9

Sudoku p. 469

5	6	1	7	8	9	2	3	4
7	2	3	6	1	4	8	5	9
4	8	9	3	2	5	6	7	1
2	7	4	8	6	1	3	9	5
3	9	6	4	5	2	1	8	7
8	1	5	9	7	3	4	6	2
9	4	2	5	3	6	7	1	8
6	5	7	1	4	8	9	2	3
1	3	8	2	9	7	5	4	6

Solutions des mots croisés

Mots croisés p. 36

	I	II	III	IV	V	VI	VII	VIII	IX	X
1	T	R	E	B	U	C	H	A	N	T
2	E	I	■	A	■	R	E	N	O	I
3	■	■	F	L	O	U	■	G	R	S
4	J	E	■	A	N	C	H	O	I	S
5	E	T	A	N	C	H	E	I	T	E
6	E	R	U	C	T	E	■	S	A	R
7	P	E	L	O	U	S	E	S	■	A
8	■	■	X	I	E	■	M	A	I	S
9	I	N	■	R	U	P	I	N	S	■
10	L	A	T	E	X	■	S	T	O	P

Mots croisés p. 68

	I	II	III	IV	V	VI	VII	VIII	IX	X
1	■	M	A	S	S	U	E	S	■	E
2	A	■	G	O	A	■	C	■	A	■
3	■	L	O	N	G	C	H	A	M	P
4	B	A	N	D	E	R	O	L	E	R
5	E	P	I	E	S	■	I	P	S	O
6	J	E	S	U	S	■	R	H	■	F
7	A	S	A	R	E	T	■	A	D	A
8	R	■	I	■	■	R	O	B	I	N
9	T	I	■	U	N	I	S	E	X	E
10	■	C	O	N	V	E	R	T	I	E
11	R	I	Z	■	X	E	■	S	T	S

Mots croisés p. 106

	I	II	III	IV	V	VI	VII	VIII	IX	X
1	E	M	O	T	I	O	N	N	E	L
2	R	■	T	R	A	M	A	I	■	A
3	O	S	A	I	■	C	I	E	L	■
4	S	A	G	E	M	■	N	E	U	F
5	■	N	E	■	E	E	S	■	N	L
6	A	G	■	D	D	T	■	E	C	O
7	P	L	E	U	R	N	I	C	H	E
8	N	O	U	V	E	A	U	T	E	■
9	E	T	R	E	S	■	■	■	■	E
10	E	S	O	T	E	R	I	S	M	E

Mots croisés p. 136

	I	II	III	IV	V	VI	VII	VIII	IX	X
1	P	O	M	P	E	U	S	E	S	■
2	A	■	A	L	U	N	I	■	O	N
3	P	I	■	I	■	I	N	S	U	■
4	I	■	D	E	S	Q	U	E	L	S
5	S	O	S	■	M	U	S	C	A	T
6	■	U	■	O	■	E	■	T	G	■
7	F	R	I	C	A	S	S	E	E	S
8	L	S	D	■	C	■	T	U	E	S
9	O	■	A	C	T	E	U	R	S	■
10	T	E	■	P	A	R	C	S	■	A

Mots croisés p. 172

	I	II	III	IV	V	VI	VII	VIII	IX	X
1	S	B	■	P	I	R	A	T	E	S
2	T	R	O	U	P	E	A	U	X	■
3	■	I	R	E	■	P	■	L	■	P
4	J	E	T	■	M	O	U	I	S	E
5	A	F	F	R	E	S	■	P	A	N
6	L	A	■	W	■	A	M	E	R	S
7	O	■	N	A	D	I	A	■	L	E
8	U	S	I	N	E	■	N	C	■	E
9	S	I	E	D	■	E	G	O	N	■
10	E	X	■	A	T	T	A	Q	U	E

Solutions des mots croisés

Mots croisés p. 210

	I	II	III	IV	V	VI	VII	VIII	IX	X
1	F	A	C	U	L	T	E	S	■	B
2	E	T	H	N	I	Q	U	E	■	A
3	M	O	A	■	■	■	X	X	X	L
4	I	R	R	I	T	A	■	I	O	S
5	N	■	O	R	T	I	E	S	■	A
6	I	V	G	■	■	R	U	T	H	■
7	S	O	N	O	R	I	S	E	E	S
8	T	S	A	R	■	E	■	■	L	E
9	E	T	R	E	I	N	D	R	E	■
10	S	■	D	L	■	S	E	N	S	E

Mots croisés p. 244

	I	II	III	IV	V	VI	VII	VIII	IX	X
1	O	K	■	R	E	T	A	R	D	E
2	N	I	K	E	■	A	■	A	R	T
3	■	M	■	P	O	N	C	H	O	S
4	L	O	L	■	U	N	O	■	U	■
5	I	N	O	F	F	E	N	S	I	F
6	C	O	U	I	■	E	T	A	L	E
7	O	■	S	N	J	■	I	■	L	S
8	R	A	T	I	O	N	N	E	E	S
9	N	O	I	S	E	■	U	N	■	E
10	E	C	C	H	Y	M	O	S	E	S

Mots croisés p. 276

	I	II	III	IV	V	VI	VII	VIII	IX	X
1	B	I	P	L	A	C	E	S	■	P
2	E	B	A	U	B	I	■	O	R	L
3	A	M	I	E	■	M	E	S	O	■
4	T	■	E	■	C	E	T	■	N	R
5	E	T	■	F	U	N	E	B	R	E
6	■	R	I	A	I	T	■	■	O	S
7	P	A	R	I	S	I	E	N	N	E
8	C	H	A	S	T	E	M	E	N	T
9	F	I	■	A	R	R	I	M	E	S
10	■	R	■	N	E	S	T	O	R	■

Mots croisés p. 336

	I	II	III	IV	V	VI	VII	VIII	IX	X
1	■	A	G	E	N	T	■	R	U	■
2	L	I	■	T	A	R	T	A	N	S
3	E	T	A	U	■	I	■	N	I	T
4	I	■	■	I	M	P	A	C	T	E
5	T	D	I	■	F	L	O	U	E	R
6	M	E	M	E	■	A	I	N	S	I
7	O	P	E	R	A	I	■	I	■	Q
8	T	O	N	■	D	E	V	E	T	U
9	I	L	■	P	A	N	U	R	G	E
10	V	I	C	O	M	T	E	S	■	S

Solutions des mots mêlés

Mots-mêlés Races de chiens p. 16

.	.	D	.	.	.	.	.	.	.	.	.	.	.	.	.	.	.	.	.
.	.	O	.	.	.	.	.	.	.	.	.	.	.	.	.	.	.	.	.
.	.	B	.	.	.	I	L	U	P	.	.	.	.	.	.	.	.	.	.
.	.	E	.	.	.	.	.	N	U	O	H	R	E	T	T	E	W	.	.
.	.	R	.	.	.	.	.	.	.	.	.	.	.	.	.	.	.	.	.
.	.	M	.	.	R	O	D	A	R	B	A	L	.	.	.	.	.	.	C
.	.	A	.	.	.	.	.	.	.	.	.	.	.	.	.	R	.	.	A
.	.	N	.	.	.	.	R	E	T	N	I	O	P	L	E	D	U	P	N
.	.	N	.	.	.	.	.	.	N	.	.	.	.	I	.	.	.	.	I
E	R	G	I	A	N	R	A	H	C	I	.	.	R	.	.	.	.	.	C
.	.	.	.	B	.	.	.	.	.	N	A	R	.	.	.	.	R	.	H
.	.	.	K	.	O	.	.	B	.	L	E	L	.	.	.	.	E	.	E
.	.	.	O	.	.	U	.	.	O	T	E	I	E	.	.	.	G	.	.
.	.	.	M	.	.	.	L	.	.	X	.	V	N	C	.	.	R	.	.
.	.	.	O	A	.	.	.	E	.	.	E	.	R	A	R	.	E	.	.
.	.	.	N	S	.	.	.	.	D	.	.	R	.	I	R	O	B	.	.
.	.	.	D	O	.	.	.	.	.	O	.	.	.	.	E	E	P	.	.
.	.	.	O	T	L	E	K	C	E	T	G	.	.	.	.	R	M	.	.
.	.	.	R	.	.	.	.	.	.	.	.	U	.	.	.	.	.	O	.
P	I	N	S	C	H	E	R	.	.	.	.	.	E	.	.	.	.	.	P

Mots-mêlés Oiseaux p. 54

.	.	.	.	.	R	E	I	N	R	U	O	F	.	.	.	.	.	.	.
.	.	.	.	.	.	.	E	.	.	.	U	O	B	I	H	.	.	.	.
.	.	.	.	E	.	.	.	U	.	.	.	.	.	.	.	.	.	.	.
.	.	.	.	L	.	.	.	.	E	T	T	E	L	E	N	I	O	M	.
.	.	E	L	L	E	R	E	T	R	U	O	T	N	I	K	A	N	A	M
.	.	.	.	E	.	.	.	.	.	.	Q	.	.	.	.	.	.	.	.
.	.	.	.	R	.	E	N	G	O	U	L	E	V	E	N	T	.	.	.
A	.	.	.	E	.	.	.	.	.	.	.	.	G	.	.	.	.	.	.
N	.	.	.	C	.	.	.	G	.	.	Z	.	A	U	.	.	.	T	U
D	.	.	.	E	.	.	.	.	N	O	.	B	.	.	O	.	.	E	O
R	.	F	.	R	.	.	.	.	S	A	O	.	.	.	.	R	.	U	C
O	.	.	R	C	.	E	.	T	.	R	F	.	.	.	.	.	.	Q	I
P	.	.	.	A	D	.	E	B	O	U	V	R	E	U	I	L	.	I	L
H	.	.	.	R	N	R	.	C	.	.	.	.	A	.	.	.	.	R	U
O	.	.	A		O	C	S	.	.	.	.	.	.	H	.	.	.	O	O
B	.	T	.	P	K	O	O	K	A	B	U	R	R	A	.	.	.	L	C
E	U	.	S	.	C	.	.	L	.	.	.	.	.	.	.	.	.	.	.
O	.	.	.	.		.	.	.	I	.	.	.	.	.	.	.	.	.	.
.	.	V	A	U	T	O	U	R	.	N	.	.	.	.	.	.	.	.	.
.	.	.	.	.	.	.	.	.	.	.	.	.	.	.	.	.	.	.	.

Solutions des mots mêlés

Mots-mêlés Styles de danses p. 84

.	.	.	.	.	.	.	.	.	.	.	.	E	S	L	A	V	.	S	.
.	.	.	.	.	.	.	.	.	.	.	.	.	.	.	.	.	.	A	.
.	.	.	F	L	A	M	E	N	C	O	.	.	.	.	.	.	.	M	.
.	.	.	.	.	.	.	.	.	.	.	.	.	.	.	.	.	.	B	.
.	.	.	.	.	.	.	P	.	.	.	.	.	.	.	.	.	.	A	.
T	S	I	W	T	.	.	.	E	.	B	O	L	E	R	O	.	.	C	.
.	.	.	.	.	Z	A	P	A	T	E	A	D	O	R	.	.	.	H	.
.	P	O	L	K	A	.	.	.	A	S	.	.	O	C	.	.	.	A	.
.	.	.	A	.	.	.	.	.	K	.	K	H	.	.	U	.	.	T	.
.	.	.	B	.	.	.	.	.	A	.	.	C	.	.	.	B	.	A	.
.	.	.	M	.	.	.	.	.	L	T	.	O	I	.	.	.	M	.	.
.	.	.	O	.	.	.	.	.	A	A	G	.	.	U	.	.	.	A	.
.	.	S	Z	.	.	.	.	.	K	N	.	.	.	.	Q	K	.	R	B
.	.	A	I	.	.	.	.	.	A	G	.	.	.	.	U	.	.	E	.
.	.	D	K	R	.	.	.	D	L	O	.	.	.	D	.	.	.	R	.
.	.	A	.	.	T	S	N	.	.	.	.	.	U	.	.	.	.	A	.
.	.	B	.	.	.	A	.	.	.	.	.	R	.	.	.	.	.	C	.
H	A	M	B	O	F	L	K	.	.	.	O	.	.	.	.	.	.	A	.
.	.	A	.	.	.	S	.	I	.	N	O	T	S	E	L	R	A	H	C
.	.	L	.	.	.	A	.	.	.	.	.	.	.	.	.	.	.	C	.

Mots-mêlés Arbres p. 118

M	A	R	R	O	N	N	I	E	R	.	.	E	L	A	N	E	V	A	R
.	.	.	.	.	.	.	.	.	.	.	.	.	.	.	.	.	.	I	.
.	.	.	.	.	.	.	.	.	.	.	.	.	.	.	.	.	.	N	.
.	.	.	.	E	.	R	E	I	L	L	I	T	O	P	A	S	.	O	.
.	.	.	.	.	N	.	.	.	.	.	.	.	.	.	.	.	.	L	.
.	.	.	.	.	C	E	R	I	S	I	E	R	.	.	.	.	.	L	.
.	.	.	.	.	.	.	R	.	.	.	.	.	.	.	.	.	.	A	.
.	.	.	.	.	.	.	.	F	.	.	.	.	.	.	.	.	.	C	.
M	.	.	.	.	.	.	.	.	.	.	.	.	.	.	.	.	.	S	R
U	.	.	.	.	A	U	B	E	P	I	N	E	.	.	V	E	.	E	.
I	.	E	E	A	E	C	A	B	U	O	R	A	M	I	S	.	I	.	.
N	.	.	R	.	R	.	.	.	.	.	.	.	R	S	.	N	.	.	.
O	.	.	.	D	.	G	.	.	.	.	.	G	E	.	A	.	.	.	.
R	.	.	.	.	E	N	A	.	.	.	I	S	.	P	.	O	.	.	.
T	.	.	.	.	I	C	C	N	.	L	S	.	I	.	L	.	.	.	.
S	.	.	.	P	.	.	Y	.	I	A	.	G	.	E	.	S	.	.	.
A	.	.	O	.	.	.	P	E	N	E	N	.	M	.	A	.	.	.	.
P	.	.	P	.	.	.	R	G	.	A	R	O	.	C	.	.	.	.	.
I	.	.	O	.	.	.	E	.	R	.	P	.	Y	.	.	.	.	.	.
N	.	.	Y	.	.	.	S	F	.	.	.	C	.	.	.	.	.	.	.

Solutions des mots mêlés

Mots-mêlés Adjectifs p. 156

T	.	.	.	.	.	X	.	.	.	X	P	.	.	.	.	.	.	.	.
.	N	.	.	.	.	.	U	.	.	U	R	.	.	.	.	.	.	.	.
M	.	A	.	X	.	.	.	E	.	E	E	.	.	.	.	.	.	.	.
.	A	H	I	.	U	.	.	.	I	I	T	.	.	.	.	.	.	.	.
.	.	G	A	R	.	E	.	.	.	C	E	.	.	.	.	.	.	T	.
.	.	.	N	R	U	.	Y	.	.	I	N	Q	U	I	E	T	.	N	.
.	.	.	.	I	M	O	.	O	.	L	T	E	.	.	.	.	.	A	.
.	.	.	M	.	F	O	S	.	J	A	I	B	L	.	.	.	.	S	.
N	.	S	.	E	.	I	N	.	.	M	E	.	E	I	.	.	.	S	.
E	S	U	.	.	R	.	Q	I	.	.	U	.	.	U	S	.	.	I	.
R	E	C	.	.	.	V	.	U	E	.	X	.	.	.	G	.	.	V	.
V	D	C	.	.	.	.	E	.	E	U	.	.	.	.	.	L	.	A	.
E	U	U	.	.	.	.	.	I	.	.	X	.	.	.	H	.	A	R	.
U	I	L	A	C	C	U	E	I	L	L	A	N	T	O	.	.	.	N	.
X	S	E	.	.	.	.	.	.	.	L	.	.	N	.	.	.	.	.	T
.	A	N	.	.	.	E	U	Q	I	R	E	T	S	Y	H	.	.	.	.
.	N	T	.	.	.	.	.	.	.	.	E	U	.	.	.	.	.	.	.
.	T	.	.	.	.	.	.	.	.	U	.	.	X	.	.	.	.	.	.
.	.	C	R	A	S	S	E	U	X	.	D	Y	N	A	M	I	Q	U	E
.	F	R	U	S	T	R	E	.	.	.	.	.	.	.	.	.	.	.	.

Mots-mêlés Présidents Français p. 190

.	.	.	.	.	.	.	.	C	A	R	I	H	C	.	.	.	.	.	.
.	.	.	.	.	.	.	.	.	.	.	D	O	U	M	E	R	G	U	E
.	.	.	.	.	.	.	.	.	R	.	.	.	.	.	.	.	.	D	.
.	.	.	.	.	.	.	.	E	.	.	.	.	.	.	.	.	.	N	.
.	.	.	S	.	.	.	H	.	.	.	.	.	.	.	.	.	.	A	.
.	.	.	E	L	.	O	.	.	.	.	.	.	.	.	.	.	.	R	.
.	.	.	R	O	P	.	.	.	.	.	.	L	.	.	.	.	.	E	.
.	.	.	E	I	.	N	.	.	.	.	.	E	.	.	Y	.	T	L	.
.	.	.	I	R	.	O	.	.	.	.	.	N	.	.	V	.	O	L	.
.	E	.	L	U	.	R	P	.	.	.	.	A	.	.	E	.	N	I	.
L	.	R	L	A	.	C	.	O	M	.	.	H	.	.	R	.	R	M	.
T	E	.	A	.	.	A	.	I	M	.	.	C	.	.	G	.	A	D	.
H	T	B	F	C	.	M	T	.	.	P	.	S	S	.	.	.	C	O	.
I	E	.	R	.	N	T	.	.	.	.	I	E	.	A	.	.	.	U	.
E	B	.	.	U	E	I	.	.	.	.	.	D	.	.	R	.	.	M	.
R	U	.	.	R	N	.	O	.	.	.	.	.	O	.	C	K	.	E	.
S	O	.	R	.	.	.	.	P	.	.	.	.	.	U	O	.	O	R	.
.	L	A	.	.	.	.	.	.	.	.	.	.	.	.	T	.	.	Z	.
.	N	.	.	.	.	.	.	.	.	.	.	.	.	.	Y	.	.	.	Y
D	.	.	.	.	.	.	.	.	.	.	.	.	.	.	.	.	.	.	.

Solutions des mots mêlés

Mots-mêlés Mois p. 226

.	.	.	.	.	.	.	.	.	.	.	.	.	.	.	.	.	.	.	.
.	.	.	.	.	.	.	.	.	.	.	.	.	.	.	.	.	.	.	.
.	.	.	.	.	.	.	.	.	.	.	.	.	.	.	.	J	.	.	.
.	.	.	.	.	.	.	.	.	.	.	.	.	.	.	U	.	.	.	S
.	.	.	R	.	.	.	.	E	.	.	.	.	.	I	.	.	.	.	E
N	O	V	E	M	B	R	E	R	.	.	.	.	N	.	.	.	.	.	P
.	.	.	I	.	.	.	.	B	.	.	.	.	.	.	.	.	.	.	T
.	F	E	V	R	I	E	R	O	.	.	.	.	.	.	.	.	.	.	E
.	.	.	N	.	.	.	.	T	.	.	M	.	.	D	.	.	.	.	M
.	.	.	A	.	.	.	.	C	.	.	A	.	.	E	.	.	.	.	B
.	.	.	J	.	.	.	.	O	.	.	R	.	.	C	.	.	.	.	R
.	.	.	.	.	.	.	.	.	.	.	S	.	.	E	.	.	.	.	E
.	.	.	.	.	.	.	.	.	.	.	.	.	.	M	.	.	.	.	.
.	.	.	.	.	.	.	.	.	.	.	.	.	J	B	.	.	.	.	.
.	.	.	A	O	U	T	.	I	.	.	.	.	U	R	.	L	.	.	.
.	.	.	.	.	.	.	A	.	.	.	.	.	I	E	.	I	.	.	.
.	.	.	.	.	.	M	.	.	.	.	.	.	L	.	.	R	.	.	.
.	.	.	.	.	.	.	.	.	.	.	.	.	L	.	.	V	.	.	.
.	.	.	.	.	.	.	.	.	.	.	.	.	E	.	.	A	.	.	.
.	.	.	.	.	.	.	.	.	.	.	.	.	T	.	.	.	.	.	.

Mots-mêlés Métaux précieux et rares p. 258

.	.	.	.	.	.	.	.	.	.	.	.	.	.	.	.	.	.	.	.
O	.	.	.	.	.	.	M	U	R	T	C	E	L	E	P	.	.	.	.
.	S	.	.	.	.	.	.	.	.	.	.	.	.	.	A	.	.	.	.
.	.	M	.	.	.	.	.	.	.	.	.	.	.	.	L	.	.	.	.
.	.	.	I	.	.	.	.	.	.	.	.	.	.	.	L	.	.	.	.
.	.	.	.	U	.	.	.	.	.	I	.	.	.	.	A	.	.	.	.
.	.	.	.	.	M	.	.	.	.	.	R	M	U	I	D	O	H	R	.
.	S	.	.	.	.	.	.	R	H	E	N	I	U	M	I	.	.	.	.
.	C	.	.	.	.	.	.	.	.	.	.	.	D	.	U	.	.	.	.
.	A	.	.	.	.	.	.	.	.	.	.	.	.	I	M	.	.	.	.
.	N	G	E	N	I	T	A	L	P	.	.	.	.	U	U	.	.	.	.
.	D	E	.	.	.	.	.	.	.	.	.	.	I	.	.	M	.	A	.
.	I	R	.	.	.	.	.	.	.	.	.	N	.	.	I	.	.	R	.
.	U	M	.	.	.	.	.	.	.	.	E	.	.	.	N	.	.	G	.
.	M	A	.	.	.	.	.	.	.	H	.	.	.	.	D	.	.	E	.
.	.	N	.	.	.	.	.	.	T	.	.	.	.	.	I	.	.	N	.
.	.	I	.	.	.	.	.	U	.	.	.	.	.	.	U	.	.	T	.
.	.	U	.	.	.	.	R	.	.	.	.	.	.	.	M	.	.	.	.
.	.	M	.	.	.	.	.	.	.	.	.	.	.	.	.	.	.	.	.
.	.	.	.	.	.	.	.	.	.	.	.	.	.	.	.	.	.	.	.

Solutions des mots mêlés

Mots-mêlés Sciences p. 290

.	.	.	.	.	.	.	.	.	.	.	.	.	.	.	.	.	.	.	.
.	.	E	.	.	.	.	S	.	.	.	.	.	.	.	.	.	.	.	.
.	.	U	.	.	.	.	E	.	.	.	.	.	.	.	.	.	.	.	.
.	.	Q	.	.	.	.	U	.	.	E	I	M	I	H	C	.	.	.	.
.	.	I	S	.	.	.	Q	.	.	E	I	G	O	L	O	R	U	E	N
.	.	S	O	.	E	P	I	.	.	.	.	.	.	.	.	.	.	.	.
.	.	Y	C	E	I	S	T	.	.	.	.	.	.	.	.	.	.	L	.
.	.	H	I	R	H	Y	A	.	.	G	.	H	.	E	.	.	.	O	.
.	.	P	O	I	P	C	M	.	.	E	.	Y	.	I	.	.	.	G	.
.	.	.	L	O	A	H	E	.	.	O	.	D	.	M	P	.	.	I	.
.	.	.	O	T	R	O	H	.	.	L	.	R	.	O	H	.	.	Q	.
.	.	.	G	S	G	L	T	.	.	O	.	O	.	N	I	.	.	U	.
.	.	.	I	I	O	O	A	.	.	G	.	G	.	O	L	.	.	E	.
.	.	.	E	H	E	G	M	.	.	I	.	R	.	R	O	.	.	.	.
.	.	.	.	.	G	I	.	.	.	E	.	A	.	T	S	.	.	.	.
.	.	.	.	.	.	E	.	.	.	.	.	P	.	S	O	.	.	.	.
.	.	.	.	.	.	.	.	.	.	.	.	H	.	A	P	.	.	.	.
M	E	T	E	O	R	O	L	O	G	I	E	I	.	.	H	.	.	.	.
.	G	E	O	M	E	T	R	I	E	.	.	E	.	.	I	.	.	.	.
.	.	.	.	.	.	.	E	I	G	O	L	O	I	B	E	.	.	.	.

Mots-mêlés Marques d'eaux minérales p. 318

.	.	C	.	.	H	E	N	N	I	E	Z	.	.	.	.	.	.	.	.
.	.	H	.	.	C	O	U	R	M	A	Y	E	U	R	.	.	.	.	.
.	.	A	.	.	C	.	.	.	.	.	.	.	.	J	.	.	.	.	.
.	.	M	.	.	E	.	.	.	.	.	.	.	.	O	.	.	.	.	.
.	.	B	.	.	L	.	.	.	.	.	.	.	R	L	.	.	.	.	.
.	.	O	.	.	T	C	I	V	L	O	V	E	.	I	.	.	.	.	.
.	.	N	.	.	I	.	.	.	.	.	L	.	.	V	.	.	.	.	.
.	.	.	.	.	C	.	.	.	.	L	.	.	.	A	.	.	.	.	.
N	O	N	O	H	T	.	.	.	I	.	.	.	.	L	.	.	.	.	.
.	.	E	V	I	A	N	.	W	.	.	.	.	.	.	.	.	.	.	.
.	.	.	.	.	.	.	T	.	.	.	.	.	R	.	.	.	.	.	.
.	.	.	C	O	N	T	R	E	X	.	H	T	E	B	S	I	L	.	.
.	.	.	.	.	A	.	.	.	.	.	.	.	H	.	.	.	.	.	.
.	.	L	.	W	.	.	.	.	.	.	.	.	C	.	.	.	.	.	.
.	L	E	R	A	U	Q	A	C	.	.	.	.	R	.	.	.	.	.	.
.	.	T	E	N	I	L	A	T	S	I	R	C	A	.	.	.	.	.	.
.	.	T	.	.	.	R	.	.	.	.	.	.	T	.	.	.	.	.	.
.	.	I	.	.	O	.	.	.	.	.	.	.	N	.	.	.	.	.	.
.	.	V	.	L	R	O	Z	A	N	A	.	.	O	.	.	.	.	.	.
.	.	R	A	P	E	H	.	.	.	.	.	.	M	.	.	.	.	.	.

Solutions des mots mêlés

Mots-mêlés Mots anglais p. 354

.	.	.	.	.	.	.	.	.	.	.	.	.	.	.	.	.	.	.	.
.	.	.	.	.	.	G	.	.	.	.	G	.	.	.	.	.	.	.	.
G	N	I	G	G	E	L	H	.	.	H	.	N	.	H	.	.	.	.	N
.	.	.	.	E	.	.	C	.	.	C	A	.	I	.	S	.	.	.	G
G	N	I	K	R	A	P	I	.	E	.	L	M	.	P	.	A	.	.	I
.	.	.	.	.	.	.	W	.	T	N	.	O	B	.	P	.	R	.	S
.	.	.	.	.	.	.	D	.	E	.	O	.	W	U	.	O	.	C	E
.	.	.	.	.	.	.	N	.	K	.	.	H	.	N	R	.	H	.	D
.	.	.	.	P	.	.	A	.	C	.	.	.	P	C	.	G	.	S	.
.	.	.	.	A	.	.	S	.	O	.	.	.	.	T	O	.	E	.	.
.	R	.	.	C	.	.	.	.	P	G	.	.	.	.	R	O	.	R	.
.	.	E	.	E	.	.	.	.	K	.	N	.	.	.	.	A	L	.	R
E	.	.	Z	M	.	.	.	.	C	.	.	I	.	.	.	.	M	.	O
M	.	.	.	A	.	.	.	.	I	F	.	.	H	.	.	.	.	S	S
A	.	.	.	K	L	.	.	.	P	L	.	.	.	S	.	.	.	P	N
I	.	.	.	E	.	B	.	.	.	I	.	.	.	.	U	.	.	E	O
L	.	.	.	R	S	N	I	P	E	R	.	.	.	.	.	R	.	E	P
.	.	.	.	R	E	S	I	M	O	T	S	U	C	.	.	.	B	C	S
.	.	.	.	.	.	.	.	.	.	.	.	.	.	.	.	.	.	H	.
.	.	.	.	.	.	.	.	.	.	.	.	.	.	.	.	.	.	.	.

Mots-mêlés Peintres du Monde p. 376

.	.	.	.	.	.	O	K	L	I	M	T	.	.	.	C	.	.	.	.
.	.	.	.	.	.	.	N	.	.	.	.	.	.	A	.	.	.	.	D
.	.	.	.	.	.	.	.	I	L	.	.	.	N	.	.	.	.	U	.
.	.	.	.	.	.	.	.	E	D	.	.	G	.	.	.	.	C	.	B
.	.	.	.	.	.	P	A	.	.	A	I	.	T	.	.	C	.	O	.
.	.	.	.	.	E	H	.	.	.	S	L	E	.	.	I	.	R	.	.
.	.	T	.	V	P	.	.	.	.	.	R	A	.	O	.	R	.	.	O
.	.	D	S	A	.	.	.	.	.	O	.	.	P	.	O	.	.	.	R
.	.	N	R	.	.	.	.	.	T	K	T	S	.	M	.	.	.	.	I
.	E	A	.	.	.	.	.	N	.	E	A	.	I	.	.	.	.	.	M
R	C	R	.	.	.	.	I	.	N	.	.	N	.	S	.	.	.	.	.
.	E	B	.	.	W	T	.	O	.	.	I	.	D	.	L	.	.	.	.
.	Z	M	.	.	P	O	M	.	.	.	.	.	.	I	.	E	.	.	.
.	A	E	.	R	.	I	L	.	L	O	H	R	A	W	N	.	Y	.	.
.	N	R	.	U	.	.	C	U	A	E	S	S	U	O	R	S	.	.	.
.	N	.	.	S	N	.	.	A	A	.	.	.	.	.	.	.	K	.	.
.	E	.	.	S	.	I	.	.	S	H	.	.	.	.	.	.	.	Y	.
.	.	.	H	O	P	P	E	R	.	S	T	.	.	.	.	.	.	.	.
.	.	.	.	L	.	.	.	L	.	.	O	.	.	.	.	.	.	.	.
.	.	.	.	O	.	.	.	.	K	I	P	M	A	C	.	.	.	.	.

Solutions des mots mêlés

Mots-mêlés En verlan p. 406

.	F	.	.	V	.	.	.	.	.	.	.	.	.	.	.	.	.	.	.
.	.	U	N	.	E	.	.	.	.	F	U	E	T	.	.	.	.	.	.
.	.	.	E	A	.	N	.	.	.	.	.	.	.	.	.	.	.	.	.
.	.	.	.	M	W	.	E	.	.	.	.	.	.	.	.	.	.	.	.
.	.	.	.	U	U	A	.	R	.	.	.	.	.	.	.	.	.	.	.
.	.	.	.	.	E	E	K	R	E	U	F	.	.	.	.	.	.	.	.
.	.	.	.	.	.	B	K	.	P	.	.	.	.	.	.	.	.	.	.
.	.	.	.	R	.	.	E	B	U	E	T	.	.	.	.	.	.	.	.
.	.	.	.	I	.	.	.	R	.	.	C	.	.	.	.	.	.	.	.
.	.	.	.	P	.	.	.	.	.	.	.	H	U	.	R	.	.	.	.
.	.	.	.	O	.	K	.	.	.	.	.	.	O	.	E	.	.	.	.
.	.	.	.	U	.	.	E	H	C	U	A	U	L	.	P	.	.	.	.
.	.	.	.	.	.	P	.	U	.	.	F	.	E	.	E	C	.	.	.
.	.	.	.	.	U	.	.	.	F	.	.	.	R	.	H	.	.	.	.
O	I	L	P	E	.	.	.	.	.	.	.	.	.	A	C	.	.	.	.
.	B	.	R	.	.	.	.	.	.	.	.	.	N	.	.	.	.	.	.
.	R	.	.	.	.	.	.	.	.	.	.	M	.	.	.	.	.	.	.
.	A	.	.	.	.	.	.	.	.	.	E	.	.	.	.	.	.	.	.
.	Z	.	.	.	.	.	.	.	.	F	.	.	.	.	.	.	.	.	.
.	.	.	.	.	.	.	.	.	U	.	.	.	.	.	.	.	.	.	.

Mots-mêlés Marques de chaussures p. 432

.	.	D	I	E	S	E	L	.	A	R	O	S	S	E	L	L	A	.	.
.	.	.	.	.	.	.	.	.	R	.	.	.	.	.	.	X	V	.	.
.	.	.	.	.	.	.	.	.	M	.	.	.	.	.	.	O	.	.	.
.	K	.	.	.	.	.	.	.	I	.	.	.	.	.	L	E	.	A	.
.	.	I	.	.	.	C	.	.	S	.	.	.	.	T	.	G	S	.	.
.	.	.	C	.	.	.	R	.	T	.	.	.	A	.	.	I	.	.	.
.	.	.	.	K	.	.	.	O	I	.	.	N	.	.	C	.	.	C	.
.	.	.	.	.	E	.	.	.	C	.	.	.	.	S	.	.	A	.	S
.	.	.	.	.	.	R	.	E	E	S	.	.	.	.	.	M	.	U	U
E	.	.	.	.	.	.	S	.	S	.	.	.	.	.	P	.	G	.	P
S	.	.	.	N	I	K	E	.	.	S	.	.	.	E	U	G	.	H	E
P	.	.	.	.	.	K	.	.	.	.	E	.	R	.	M	.	A	.	R
R	.	.	.	C	.	.	O	.	.	.	.	N	.	.	A	V	.	.	D
I	.	.	.	.	O	.	.	B	.	.	.	.	T	.	A	.	.	.	R
T	.	.	.	.	.	N	.	.	E	.	.	.	.	I	.	.	S		Y
.	.	.	.	T	.	.	V	.	.	E	.	.	A	.	E	A	.	.	.
.	.	.	E	.	.	.	.	E	.	.	R	N	.	.	D	L	.	.	.
.	.	V	.	.	.	.	.	.	R	.	A	.	.	I	.	.	.	.	.
.	A	.	.	.	.	.	.	.	.	S	.	.	D	.	.	.	.	.	.
.	.	.	.	.	.	.	.	.	.	.	E	A	.	.	.	.	.	.	.

Solutions des mots mêlés

Mots-mêlés Pêche p. 560

.	.	.	.	.	.	.	.	.	.	.	.	.	.	.	.	.	.	.	.
.	.	.	.	.	.	N	.	.	.	.	C	.	.	.	.	.	.	.	.
B	.	.	.	.	O	.	.	.	.	A	.	.	.	.	.	.	.	.	.
.	R	.	.	P	.	.	.	H	N	.	.	.	.	.	.	.	.	.	.
.	.	O	R	.	.	.	A	N	.	F	.	.	.	.	.	.	.	.	E
.	.	A	C	.	.	M	E	.	I	.	.	.	.	.	.	.	.	N	.
.	H	.	.	H	E	.	.	L	.	L	.	.	.	.	.	.	G	.	L
.	.	.	.	Ç	E	.	E	.	.	.	R	.	.	.	.	I	.	E	P
.	S	.	O	.	.	T	.	.	.	.	.	A	.	E	L	.	U	L	.
.	R	N	.	E	S	E	S	P	A	D	O	N	M	T	.	R	O	.	.
.	E	.	S	.	.	.	.	.	.	.	.	B	.	T	R	M	.	.	.
T	V	I	.	.	.	.	.	.	.	.	A	.	.	E	B	.	.	.	.
A	R	.	.	.	.	.	.	.	.	R	.	.	.	S	.	.	.	.	.
P	.	.	.	.	.	.	.	.	C	S	.	.	A	I	.	.	.	C	.
P	.	.	.	.	.	.	.	A	T	.	.	U	.	U	.	.	.	H	.
A	.	.	.	.	.	.	T	O	.	.	M	.	.	P	.	.	.	A	.
.	.	.	.	.	.	I	I	.	.	O	.	.	.	E	.	.	.	L	.
.	.	.	.	.	O	F	.	.	N	.	.	.	.	.	.	.	.	U	.
.	.	.	.	N	A	.	.	.	.	.	.	.	.	.	.	.	.	T	.
.	.	.	S	R	.	.	.	.	.	.	.	.	.	.	.	.	.	.	.

Carrés Magiques

p. 19

5	9	4
10	2	6
3	7	8

p. 125

6	7	2
1	5	9
8	3	4

p. 58

22	3	9	15	21
16	17	23	4	10
5	11	12	18	24
19	25	6	7	13
8	14	20	26	2

p. 161

16	22	23	4	10
3	9	15	21	27
20	26	7	8	14
12	13	19	25	6
24	5	11	17	18

p. 90

4	63	10	65	20	47	26	49
11	16	53	62	27	48	21	46
13	6	67	56	29	38	51	24
66	9	12	55	34	41	28	39
18	57	60	7	50	25	44	23
61	54	19	8	45	22	35	40
59	64	5	14	43	32	37	30
52	15	58	17	36	31	42	33

p. 197

5	67	10	64	21	35	42	48
60	14	7	65	44	30	23	49
63	9	68	6	31	41	36	38
66	8	13	59	34	40	45	27
18	56	61	11	50	24	29	43
15	57	20	54	47	25	52	22
12	62	55	17	28	46	39	33
53	19	58	16	37	51	26	32

Carrés Magiques

p. 229

2	16	5	15
9	11	6	12
14	4	17	3
13	7	10	8

p. 324

3	16	13	10
14	9	4	15
8	11	18	5
17	6	7	12

p. 261

9	10	32	27	28	23
11	33	7	29	24	25
4	8	39	22	26	30
31	35	12	13	17	21
38	6	34	20	15	16
36	37	5	18	19	14

p. 352

7	38	3	25	29	21
9	31	8	27	22	26
5	6	37	23	24	28
32	33	10	14	15	19
36	4	35	18	13	17
34	11	30	16	20	12

p. 294

8	16	17	25	33	41	49
18	26	34	42	50	9	10
35	43	51	3	11	19	27
45	4	12	20	28	36	44
13	21	29	37	38	46	5
30	31	39	47	6	14	22
40	48	7	15	23	24	32

p. 375

26	34	42	43	2	10	18
6	14	15	23	31	39	47
35	36	44	3	11	19	27
8	16	24	32	40	48	7
37	45	4	12	20	28	29
17	25	33	41	49	1	9
46	5	13	21	22	30	38

Carrés Magiques

p. 404

1	5	36	19	23	27
6	34	2	24	25	20
8	3	31	26	21	22
35	30	4	17	12	13
33	7	29	15	16	11
28	32	9	10	14	18

p. 547

5	36	4	23	27	22
10	29	6	28	20	24
3	7	35	21	25	26
30	34	8	12	16	17
37	2	33	19	11	15
32	9	31	14	18	13

p. 429

2	13	55	64	18	45	23	48
9	62	4	59	41	46	20	27
60	3	65	6	28	35	49	22
63	8	58	5	31	40	26	37
15	56	10	53	47	24	42	21
12	51	17	54	44	19	33	38
57	14	52	11	25	30	36	43
50	61	7	16	34	29	39	32

p. 571

54	13	15	68	38	29	31	52
65	18	56	11	49	50	24	27
60	7	69	14	44	23	37	46
67	64	10	9	51	32	26	41
19	16	58	57	35	48	42	25
12	55	21	62	28	39	53	30
17	66	8	59	33	34	40	43
6	61	63	20	22	45	47	36

Allez vite sur *la page* FACEBOOK du WC-BOOK !

Rejoignez la communauté sur votre smartphone et partagez des moments de délires inédits avec d'autres WC Bookers.

Des jeux, des quiz, des blagues, des astuces, des anecdotes, des chiffres, des questions à la con, des peopleries et tant d'autres rubriques à partager avec vos amis sur **Facebook !**

Défiez-les sans tarder, les fous rires sont assurés !

Assis aux toilettes, restez connecté avec le monde extérieur !

Marie Dewulf

Ses horoscopes, précis et toujours détaillés, apparaissent depuis de nombreuses années dans la presse écrite ou sur diverses antennes comme Europe 2, Voltage FM, etc.

Astrologue de renom, Marie Dewulf anime également des conférences sur le développement personnel : comment vaincre sa timidité, gérer son stress, guérir ses blessures intérieures, interpréter ses rêves pour mieux se comprendre, etc.

Marie Dewulf
01 73 73 22 61
06 87 48 54 93

www.maviedefemme.com

En partenariat avec www.maviedefemme.com, le 1er site féminin et communautaire pour une vie épanouie dans la zen attitude.

Rejoignez notre communauté sur le site MaViedeFemme.com : actus, astuces, tendances, beauté, mode, minceur, détente, bien-être…

Rejoignez-nous aussi sur Facebook :
www.facebook.com/site.maviedefemme

Humour

Dans une animalerie, Bernard demande au vendeur :

– Je veux un chien de garde imposant pour me défendre.

– Très bien. Je sais exactement ce qu'il vous faut.

Le vendeur ramène un caniche.

Bernard est furieux :

– Mais je ne veux pas un chien de salon !!! Je veux un vrai chien de garde !

– Attendez, monsieur, ce caniche est exceptionnel : il fait du karaté. C'est d'ailleurs son nom. Bernard se montre sceptique mais le vendeur lui propose de faire une démonstration. Il crie au caniche :

– Karaté, karaté : la porte !

Et le petit chien détruit la porte.

– Karaté, karaté : la table !

Le caniche fracasse la table en deux.

Bernard est époustouflé et achète ce chien si particulier.

Quelques jours après, un ami rend visite à Bernard et lui dit :

– Alors, il est où ton gros chien terrifiant ?

Bernard lui montre son petit caniche. Son pote éclate de rire :

– C'est ton chien de garde ? Mais tu t'es bien fait avoir, mon Bernard !

– Non, il fait du karaté.

– Mais, bien sûr ! Karaté, karaté mes couilles !